Elogios sobre

10 COSAS TONTAS QUE CREEN LOS CRISTIANOS INTELIGENTES

«Desde que leí su libro *Unity Factor*, hace casi veinte años,  Osborne se ha convertido en mi mentor sec... a escribir es una referencia para mí, porque h... las cuestiones que me importan. ¡Leo todo l...

— PETE BRISCOE, pastor principa... Fellowship y autor de *Christianity:* y de *Secrets from the Treadmill*

«Se trata de una lectura muy liberadora y que al mismo tiempo profundiza nuestra confianza en Dios. Larry desbarata diez creencias que frecuentemente sustentamos y no tienen sentido… ¡simplemente porque no son verdad!».

—RUSS CARROLL, presidente de Miva Merchant

«En *10 COSAS TONTAS QUE CREEN LOS CRISTIANOS INTELIGENTES*, Larry Osborne desmantela muchas ideas que han hecho descarrilar la fe de miles de cristianos sinceros por demasiado tiempo. Larry tiene la rara capacidad de comunicar las verdades difíciles de una manera que enciende la imaginación y hace que el alma baje la guardia. Recomiendo totalmente este libro a cualquiera que busque una fe más profunda y llena de matices».

—SCOTT CHAPMAN, pastor principal de The Chapel, Illinois

«Larry Osborne siempre me lleva a pensar con una precisión mayor. *10 COSAS TONTAS QUE CREEN LOS CRISTIANOS INTELIGENTES* nos plantea el desafío de volver a evaluar aquellos conceptos que con facilidad decimos creer, y nos conduce, hacia una fe que podemos admirar profundamente».

—DR. WAYNE CORDEIRO, autor de *The Divine Mentor*, de *Doing Church as a Team*, y de *The Life Journal*

«Recomiendo cualquier cosa que Larry Osborne escriba. ¡Ha logrado otro jonrón con *10 COSAS TONTAS QUE CREEN LOS CRISTIANOS INTELIGENTES*! Larry libera nuestras almas de cosas que amenazan con destruirnos. ¡Confío en que la vida de ustedes sea mejor después de leer este libro!».

—RON FORSETH, vice presidente de Outreach Inc. y editor general de SermonCental.com

«El libro de Larry Osborne *10 COSAS TONTAS QUE CREEN LOS CRISTIANOS INTELIGENTES* ayuda tanto a los nuevos creyentes como a los cristianos experimentados. La gente con frecuencia cree lo que escucha sin saber por qué. Larry penetra a través de ciertas leyendas espirituales con sentido común y precisión escritural».

—CRAIG GROESCHEL, pastor de LifeChurch.tv y autor de *Confessions of a Pastor*

«Este libro nos libera de suposiciones erroneas con respecto a Dios y a la vida que nos mantienen atrapados, o nos hacen aparecer como ingenuos y tontos. Larry Osborne nos presenta una sabiduría práctica y bíblica para relacionarnos con algunas creencias que jamás debimos haber sostenido y que siempre nos han causado confusión. Los capítulos acerca del perdón y del emitir juicios, justifican, por sí mismos, el valor del libro».

—MEL LAWRENZ, pastor principal de Elmbrook Church y autor de I *Want to Believe*

«Durante mucho tiempo el mundo ha necesitado un libro así de importante. Con paciencia y claridad, Larry hace una disección de ciertas creencias erróneas que nos han llegado disfrazadas como fe. Nos ayuda a abrirnos camino a través de los disparates –de aquellas ideas equivocadas y faltas de exactitud a las que nos aferramos– y nos conduce a una comprensión que resulta en una fe atractiva y auténtica, del tipo de la que todos anhelamos tener».

—NANCY ORTBERG, socia fundadora de Teamworkx2 y autora de *Looking for God*

«Larry Osborne armoniza su experiencia pastoral con una sabiduría no intuitiva que nos lleva a la frustración (en el buen sentido), nos presenta desafíos y nos alienta cuando procuramos caminar con Dios durante toda la vida»

—DARRIN PATRICK, pastor de The Journey, St. Luis, Missouri

«Lleno de sentido común que brota del corazón, este libro está bien escrito y proyecta una mirada completamente bíblica sobre ciertos principios de las Escrituras que con frecuencia son mal interpretados. No solo lo he encontrado útil para mi propia vida, sino también eficaz para discipular a otros. Algunas tremendas ilustraciones hacen que los principios resulten claros y fáciles de captar. La ilustración sobre la estrategia relacionada con la voluntad de Dios, por sí sola justifica el costo del libro».

—STEVE POTRATZ, presidente de Parable Christian
      Stores y de The Parable Group

«Recuerdo exactamente el lugar en el que estaba sentado durante una visita que hice a North Coast Church, cuando escuché por primera vez a mi amigo Larry Osborne hacer estallar el mito de que la fe lo arregla todo. Estaba allí para aprender acerca de las tareas internas de la iglesia pero salí con una nueva perspectiva sobre mi fe. Desde ese tiempo, Larry me ha enseñado mucho con respecto a las cosas tontas que creen los cristianos inteligentes (hasta algunos pastores inteligentes). Encontraremos varias ocasiones en este libro para afirmar sus declaraciones con un «ajá». Les estoy comprando copias a todos nuestros líderes de pequeños grupos».

—NELSON SEARCY, pastor principal de The Journey
      Church, Ciudad de Nueva York

«Larry Osborne no arroja puñetazos en *10 COSAS TONTAS QUE CREEN LOS CRISTIANOS INTELIGENTES*. Él trae claridad y una perspectiva bíblica sobre ideas frecuentemente mal entendidas. Con libros como este los cristianos creerán menos en las cosas estúpidas que dañan su camino espiritual. Vale la pena leerlo y compartirlo con otros».

—ED STETZER, coautor de *Compelled by Love*,
      www.edstetzer.com

«Larry Osborne nos lleva a través de aquellos malos entendidos que han pasado de generación en generación, de una clase de Escuela Dominical a otra. En la espiritualidad de hoy que incluye una mezcla de ingredientes, Larry ayuda a los que están en una búsqueda espiritual y a aquellos que asisten a la iglesia mal informados, que puedan separar lo verdadero de lo ridículo. Los mitos han circulado tanto en la peluquería como en los salones de las iglesias tradicionales, y ahora Larry proyecta sobre ellos la luz y el equilibrio de las Escrituras para iluminar a los desinformados».

—STACY SPENCER, pastor principal de New Direction Christian Church, Memphis, Tennessee

«El enfoque basado en el sentido común que muestra Larry al abordar ciertas creencias espirituales ampliamente sostenidas pero incorrectas, trae claridad y salud. ¡Finalmente! Los capítulos sobre el perdón y la paternidad han hecho vibrar una cuerda en particular dentro de mí. Larry es un pastor sabio y dotado en cuanto a la enseñanza de las Escrituras de tal modo que vuelve accesibles y fáciles de comprender las verdades bíblicas. Recomiendo con entusiasmo este libro a aquellos que conocen la fe cristiana y a los que no están familiarizados con ella también».

—LINDA STANLEY, directora de la comunidad Next Generation Pastors Leadership Community, Leadership Network

«No pude dejar de lado *10 COSAS TONTAS QUE CREEN LOS CRISTIANOS INTELIGENTES* una vez que comencé a leerlo. Muchos cristianos están inmersos en las mismas cuestiones que aborda Larry con una claridad amable para corregir tanto el pensamiento como las conductas. Es un excelente libro para los creyentes nuevos que toman las cosas seriamente».

—DAVE TRAVIS, director ejecutivo de Leadership Network y autor de *Beyond Megachurch Mytths y de Beyond the Box: Innovative Churches That Work*

«Los cristianos inteligentes pueden caer a causa de sustentar creencias tontas. No había considerado cuántas hay hasta leer este libro, abarrotado de observaciones sensatas, ilustraciones encantadoras, y perspectivas escriturales convincentes. Larry nos hace reír mientras nos lleva a pensar».

—KEN WERLEIN, pastor fundador de Faithbridge Church, Houston, Texas

«Este es un libro tremendo. Se trata de un mensaje que cambia la vida y que el mundo tiene que escuchar. Todos deberían tener una copia y leerlo».

—CAROLYN OSBORNE, mamá de Larry

10 COSAS TONTAS
QUE CREEN LOS CRISTIANOS INTELIGENTES

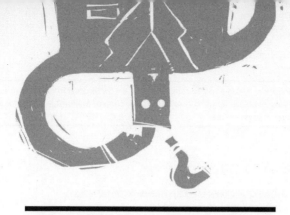

10 COSAS TONTAS
QUE CREEN LOS
CRISTIANOS
INTELIGENTES

¿LAS LEYENDAS URBANAS Y LOS MITOS DOMINICALES ESTÁN DAÑANDO TU FE?

LARRY OSBORNE

 **Vida**®

La misión de Editorial Vida es ser la compañía líder en comunicación cristiana que satisfaga las necesidades de las personas, con recursos cuyo contenido glorifique al Señor Jesucristo y promueva principios bíblicos.

10 COSAS TONTAS QUE CREEN LOS CRISTIANOS INTELIGENTES
Edición en español publicada por
Editorial Vida – 2011
Miami, Florida

© 2011 por Editorial Vida

Originally published in English under the title:
10 Dumb Things Smart Christians Believe
Copyright © 2009 by Larry Osborne
Published by Multnomah Books
an imprint of The Crown Publishing Group
a division of Random House, Inc.
12265 Oracle Boulevard, Suite 200
Colorado Springs, Colorado 80921 USA

International rights contracted through:
Gospel Literature International
P.O. Box 4060, Ontario, California 91761-1003 USA

This translation published by arrangement with
Multnomah Books, an imprint of The Crown Publishing Group
a division of Random House, Inc.
Spanish edition © 2011 Editorial Vida

Traducción: *Silvia Palacio de Himitian*
Edición: *Virginia Himitian de Griffioen*
Diseño interior: *Grupo del Sur*

ISBN: 978-0-8297-4042-4

CATEGORÍA: Vida cristiana/Crecimiento espiritual

IMPRESO EN ESTADOS UNIDOS DE AMÉRICA
PRINTED IN THE UNITED STATES OF AMERICA

11 12 13 14 ❖ 6 5 4 3 2 1

■   ■   ■

Para Nancy, mi mejor amiga, mi mayor admiradora, mi más sincera crítica… y el amor de mi vida

Contenido

LEYENDAS
URBANAS
ESPIRITUALES

El hecho de que la gente inteligente *haga* algunas cosas muy tontas no constituye una noticia de último momento. Pero lo que solemos olvidar muchas veces es que la gente inteligente también puede *creer* cosas muy tontas.

¿Qué fue lo que se apoderó de un genio militar como Napoleón para llevarlo a pensar que el severo clima invernal ruso no constituiría un impedimento para el avance de sus tropas? Con seguridad ellos estaban bien entrenados y equipados, pero él no contaba con una sola evidencia histórica que diera apoyo a su decisión de marchar hacia allí.

¿Qué llevó a los principales científicos y pensadores de la época de Galileo a desestimar aquella evidencia que podían apreciar con sus propios ojos y señalarlo a él como hereje y charlatán?

¿Y por qué un equipo de liderazgo brillante como el de IBM pondría en juego la fábrica de computadoras y prácticamente regalaría la PC con su subyacente sistema operativo a un joven programador llamado Bill Gates?

Todas esas decisiones y otras igualmente incomprensibles fueron tomadas por gente mucho más inteligente que usted y que yo. Sin embargo, al mirar en retrospectiva, esas elecciones los hacen aparecer como idiotas.

¿Qué sucedió?

En cada uno de los casos, esas personas, que de otro modo se mostraban inteligentes, malinterpretaron los hechos, llegaron a una suposición incorrecta, o confiaron en información que ahora sabemos que era del todo falsa, con nefastas consecuencias. En ocasiones la confusión vino a causa de prejuicios culturales (que a veces pueden ser tan fuertes que literalmente nos enceguecen ante la verdad). En otros casos, las suposiciones sobre las que se apoyaban eran tan ampliamente creídas y aceptadas que nadie siquiera pensaba en cuestionarlas. En otras oportunidades se podrían explicar como casos extremos de un pensamiento basado en quimeras. Pero sea cual fuere la causa, no estuvieron solos. La historia está llena de ejemplos de gente inteligente que actuó en base a suposiciones sorprendentemente tontas; y pagó un alto precio por ello.

El alto costo que implican las suposiciones erroneos

El hecho de que seamos cristianos no nos hace inmunes a esto. Ni aun el cristiano más altamente moral, más sincero e inteligente, y con el mejor pedigrí teológico tiene garantizada una protección contra las consecuencias de las malas decisiones basadas en suposiciones defectuosas. Me gustaría ponerlo de esta forma:

la sabiduría de Salomón + ciertos hechos inexactos, o suposiciones imperfectas = la decisión de un tonto

Y es allí que radica la razón de este libro.

A través de los años he trabajado con gente y aconsejado a personas que tomaban decisiones (de esas que afectan la vida) en base a lo que consideraban principios bíblicos, y que con el tiempo descubrieron, ya muy tarde, que no tenían su origen en la Biblia.

La mayor parte de las veces resultaron víctimas de una leyenda urbana espiritual. Esta es semejante a cualquier leyenda urbana secular. Se trata de una creencia, una historia, una suposición o una obviedad que circula por ahí como si fuera un hecho. En muchos de los casos la fuente a través de la que nos llega es un amigo, una clase de escuela dominical, un estudio bíblico, un devocional, un libro, o aun un sermón.

Como suenan muy plausibles y provienen de una fuente de buena reputación, las leyendas urbanas espirituales a menudo se aceptan sin cuestionamiento y luego se hacen circular con rapidez. Una vez que se han diseminado ampliamente, tienen vida propia. Se vuelven casi imposibles de refutar porque «todo el mundo» sabe que son verdaderas. Cualquiera que se atreva a cuestionar su veracidad es declarado como un torpe en lo espiritual, alguien al que le falta fe, o un liberal.

Hay que reconocer que las consecuencias de algunas de estas ideas espirituales equivocadas no siempre son devastadoras. Por ejemplo, si alguien erradamente cree que la Biblia dice que «Dios ayuda a los que se ayudan a sí mismos», o que «un centavo ahorrado es un centavo ganado», o que Jesús fue una persona del tipo europeo occidental, de piel suave y ojos azules, que iba de pueblo en pueblo vestido con una túnica antigua y diciendo cosas profundas en una voz susurrante (una especie de hippie bajo los efectos del Dramamine); se va a despistar un poco, un grado o dos, pero difícilmente vaya a perder su fe.

> *Las leyendas urbanas espirituales no son simples e inocuos malos entendidos. Se trata de errores espirituales peligrosos que con el tiempo producen dolor y desilusión en todos los que confían en ellos.*

Pero con demasiada frecuencia las consecuencias resultan espiritualmente devastadoras. Pensemos en la desilusión que cunde cuando alguien descarta a Dios por pensar que ha dejado de mantener una promesa que en verdad nunca hizo. O la

3

desesperación que sobreviene luego de dar un paso de fe que resulta haber sido un salto sobre una fina capa de hielo.

Por eso creo que sacar a la luz diez leyendas urbanas espirituales (muy difundidas pero descaradamente falsas) para poder analizarlas resulta muy importante. No son simples e inocuos malos entendidos. Se trata de errores espirituales peligrosos que con el tiempo producen dolor y desilusión en todos los que confían en ellos.

Apuesto a que ustedes ya se han dado cuenta de algunos de ellos. A otros tal vez los hayan cuestionado desde siempre, pero hasta ahora han creído que eran los únicos que «no los habían comprado». Algunos pueden haberles sacudido el barco. Pero sea cual fuere el caso, los aliento a examinar cada uno con una mente abierta y su Biblia abierta también.

Medir dos veces, cortar una

Existe este viejo adagio entre los carpinteros: «Midan dos veces, corten una». Se basa en la observación de que una vez que cortamos la madera, si resulta demasiado corta, aunque intentemos arreglarla, siempre seguirá siendo corta. También es así en lo que hace a los principios espirituales sobre los que basamos nuestra vida. Una vez que tomamos una decisión o establecemos un curso de acción, generalmente ya es demasiado tarde como para volver a considerar la exactitud de nuestras suposiciones.

Los de Berea, en los tiempos del Nuevo Testamento, nos brindan un ejemplo que vale la pena imitar. Aquellos creyentes que vivían en la ciudad macedónica de Berea llegaron al punto de analizar todo lo que el apóstol Pablo les enseñaba, escudriñando las Escrituras para ver si lo que él decía era realmente verdad.

Ahora bien, recordemos que Pablo era un apóstol, un autor de las Escrituras y un vocero de Dios. Pero en lugar de ofenderse, él los alabó por no ser crédulos y por su noble búsqueda de la verdad.[1]

Yo los aliento a seguir su ejemplo a medida que trabajemos estas diez leyendas urbanas espirituales. Creo que no solo descubrirán que son falsas sino que cada una de ellas contradice de plano lo que el resto de la Biblia enseña. En muchos casos, aun contradicen a los versículos que se usan para avalarlas, o como «textos de prueba».

Y sí, ya sé que palabras como tonto o estúpido son palabras fuertes. Siempre que las uso al hablar delante de un grupo grande, espero recibir un par de notas y hasta alguna reprimenda hecha cara a cara. Generalmente de parte de alguna madre que intenta erradicar esas palabras del vocabulario de sus hijos. Ella se pregunta por qué no uso yo términos más amables, más suaves, que resulten más aceptables dentro de un grupo de juego.

Pero no puedo. Como lo señalé antes, estas creencias no son simplemente falsas. No son solo desafortunadas. No es que apenas tengan una desviación de unos pocos grados. Son peligrosas. Son, según la Biblia las denomina, «insensatas», lo que en términos modernos viene a significar algo así como «estúpidas» o «tontas».[2]

> *Cada una de esas leyendas urbanas espirituales se asemeja al oro falso. Parece fantástico a simple vista, pero cuando se prueba, demuestra no tener valor alguno.*

Sí, quiero dejar en claro que nada en estas páginas está pensado como un ataque hacia la gente que cree esas cosas. Ellos no son tontos. Sus suposiciones y creencias lo son. Si hubiera contado con más espacio, habría titulado este libro así: *10 COSAS TONTAS QUE CREEN LOS CRISTIANOS INTELIGENTES, sinceros, buenos y piadosos.*

Cada una de estas leyendas urbanas espirituales se asemeja al oro falso. Parece fantástico a simple vista, pero cuando se prueba, demuestra no tener valor alguno. No cabe duda de que todos hemos arribado a algunas conclusiones muy necias en nuestras vidas. Sé que yo lo he hecho. Pero afortunadamente, muy al principio de mi travesía de fe tuve algunos mentores prudentes y meticulosos en su pensamiento que me mostraron la insensatez de basar mi sistema de creencias en lo que todos los demás decían en lugar de fundamentarlo en un escrutinio de la Biblia. Me enseñaron a evitar la lectura de solo mis versículos favoritos. Me señalaron la importancia de leer todos los versículos que los rodeaban, así como el resto del libro.

Su consejo me ha servido y me ha salvado de muchos sufrimientos. También ha solidificado mi confianza en la Biblia. Cuanto más aprendo a dejar de lado los clichés, las conversaciones vanas, y los supuestos culturales que no condicen con lo que la Biblia enseña en realidad (o la forma en que la vida funciona), más grande se vuelve mi confianza en ella como palabra de Dios y fuente última de verdad espiritual.

Confío en que las páginas de este libro puedan hacer lo mismo por ustedes: que los ayuden a cuestionar todo lo que escuchen y a comparar todo lo que creen con las verdaderas palabras y enseñanzas de la Biblia.

1

LA FE LO PUEDE SOLUCIONAR
TODO

Nunca olvidaré el día en el que mi esposa y yo llegamos al hospital de la localidad para realizar la que sabíamos que sería la última visita a su amiga Susan.

Durante tres años Susan había luchado en forma valiente contra una enfermedad que se encontraba en ese momento en su última etapa. Su respiración dificultosa, su aspecto demacrado y sus ojos hundidos hacían dolorosamente obvia la realidad de que ella no estaría mucho tiempo más por aquí.

Al sentarnos junto a su cama, pensando en qué decir y cómo orar, yo me encontraba perplejo. (Soy pastor y se espera que sepa qué decir en situaciones como esta). Pero antes de que pudiera articular algo con sentido (o siquiera alguna expresión trillada) aquel incómodo silencio se rompió debido a la entrada al cuarto de John, el marido de Susan.

Intercambiamos abrazos y algunos cortos saludos. Luego John comenzó a hablar. Mencionó los planes que él y Susan tenían para el futuro. Sin embargo no lo hacía como alguien que expresa dolor por lo que podría haber sido y no fue, sino mostrando una poderosa convicción acerca de lo que aún estaba por venir.

Resultaba extraño.

Susan, acostada allí, apenas consciente, luchaba por respirar, aparentemente a horas de la muerte. Y su marido, que estaba a pocos centímetros de ella, hablaba sobre las futuras vacaciones, la remodelación de la cocina y sus años de vejez, como si nosotros cuatro estuviéramos pasando el rato y comiendo un asado en el jardín.

Aunque John y Susan habían hablado con frecuencia acerca de su confianza en cuanto a la capacidad de Dios para sanar, esto era algo diferente. Él no hablaba acerca de la seguridad que tenía con respecto a que ella *podía* ser sanada, sino que señalaba su absoluta certeza de que *sería* sanada. No tenía un ápice de duda. Ya era un trato cerrado.

Entonces nos contó lo que había sucedido. Esa mañana, mientras oraba por la sanidad de Susan, se había sentido invadido por una poderosa sensación de la presencia de Dios y la profunda convicción de que Dios había respondido su oración. Mientras continuaba orando, le vinieron a la mente pasajes bíblicos que proclamaban la protección y el cuidado de Dios. Sintió como si Dios hubiera descendido físicamente y lo hubiera tocado, susurrando en sus oídos: «Te he escuchado. Ella estará bien».

Desbordando confianza, imaginó que había llegado a la misma personificación de la fe, ya que tenía seguridad en cuanto a lo que esperaba y certeza acerca de lo que no había visto.[1] Estaba tan aturdido como un buscador de oro que acaba de golpear la veta madre de un yacimiento.

Yo no sabía qué decir. ¿No sería posible que Dios estuviera por hacer algo grande? ¿Estábamos por presenciar un milagro? ¿La fe de John iba a arrancar a Susan de las garras de la muerte?

Yo no estaba tan seguro.

Él tenía absoluta certeza.

Esa noche ella dio su último suspiro.

John quedó devastado. Después de la muerte de Susan, el estuvo rengueando en su vida espiritual durante años, desilusionado con respecto a Dios, a la oración y al poco poder de la fe.

Pero su colapso espiritual no tenía nada que ver con que Dios lo hubiera defraudado. No tenía nada que ver con que las promesas de la Biblia fueran huecas y vacías. Tenía que ver con un resultado predecible por haber colocado su confianza en el falso oro de la leyenda urbana espiritual más conocida y ampliamente creída: el mito de que si tenemos suficiente fe, podemos hacer o arreglar cualquier cosa.

Lamentablemente, el concepto de fe que tenía John (de lo que era y del modo en que funcionaba) no le había llegado a partir de la palabra de Dios; le había llegado por lo que se decía por ahí. Había contado con todo un conjunto de suposiciones y creencias que simplemente no eran verdad. Y eran ellas las que lo habían defraudado.

Lo que dice la calle

Lo que se dice en la calle es que la fe es una mezcla poderosa de autocontrol intelectual y emocional que cuando se utiliza apropiadamente puede literalmente cambiar el resultado de los hechos a través del pensamiento positivo y de una clara visualización.

Es lo que la gente de éxito señala como la clave de sus logros, lo que los sobrevivientes de las grandes tragedias citan como la fuente de su resistencia, aquello a lo que los tele-evangelistas le conceden el crédito como poder sanador, y lo que los oradores dedicados a la motivación promueven y con lo que se ganan bien la vida.

Por eso, cuando nuestro equipo va perdiendo, no se espera que pensemos de manera negativa. En lugar de ello, se espera que nos mantengamos firmes, y visualicemos una gran jugada. Porque mientras creamos que podemos ganar, tenemos buenas chances de lograrlo.

> *Esta clase de pensamiento optimista tiene que ver más con la fe en la fe que con la fe en Dios. Sin embargo eso es lo que se nos ha enseñado a creer que Dios espera de nosotros cuando tenemos que enfrentar situaciones insalvables.*

Lo mismo ocurre cuando nos encontramos ante una crisis médica. ¿Recibimos los resultados de los estudios oncológicos que muestran que el cáncer ha desarrollado metástasis? No entremos en pánico. Se lo puede derrotar. Solo pensemos positivamente.

O quizás nuestro hijo es un estudiante de primer año, de menos de un metro sesenta de estatura que sueña con jugar en la NBA. Hagamos lo que sea, pero no lo desalentemos. ¡Quién sabe! Podría darse. Después de todo, nada es imposible en tanto que él persiga sus sueños a través del trabajo esforzado y de una fe inquebrantable.

Lamentablemente, ese tipo de pensamiento optimista no tiene nada en común con lo que la Biblia llama fe. Tiene más que ver con la fe en la fe que con la fe en Dios. Sin embargo eso es lo que se nos ha enseñado a creer que Dios espera de nosotros cuando tenemos que enfrentar situaciones insalvables.

Se nos ha dicho que para aquellos que tienen el valor, que dan el asunto por hecho y que se despojan de todas las dudas, la fe tiene el poder de arreglarlo todo. Es el «cúralotodo» de Dios, una poción mágica.

De hecho, en ciertos círculos cristianos se dice que esta clase de fe tiene el poder de realmente manipular la mano de Dios. Hace poco escuché a un predicador televisivo declarar que Dios *tiene* que responder las oraciones hechas con una fe inquebrantable sin que importe lo que pidamos. Mientras no dudemos, él no tiene otra opción. Es una ley del universo. Aparentemente, vence aun por encima de la soberanía de Dios.

Aunque yo detesto ser el que diga algo así.

De qué manera el idioma inglés lo embarulla todo

Mientras que la fe es un concepto profundamente arraigado en las Escrituras cristianas, la mayor parte de nuestras ideas modernas sobre ella no lo son. Podemos adjudicarle gran parte de la culpa a la forma en que han sido traducidos al inglés los manuscritos originales del Nuevo Testamento.

No se trata de que los traductores hayan sido personas no calificadas o engañosas. Simplemente tiene que ver con que traducir cualquier cosa de un idioma a otro es una tarea difícil, sobrecargada además por todos los significados complementarios que pueden tener algunas palabras en uno de esos idiomas y no en el otro.

Realizar una rápida comparación entre la manera en que usamos las palabras *fe*, *creencia* y *confianza* en el inglés moderno y la forma en que originalmente fueron usadas en el griego del Nuevo Testamento puede resultar revelador. Veamos lo que quiero decir.

Fe

Para la mayoría de nosotros, la palabra *fe* evoca una imagen de confianza. Es lo opuesto al temor y la duda. Con frecuencia queda definida tanto por nuestros sentimientos como por todo lo demás. Por eso es que mucha de la enseñanza sobre la fe tiende a enfocarse en erradicar todo temor, dudas y pensamientos negativos. También es por eso que el «Debes tener fe» ha venido a significar «Piensa positivamente».

Creencia

Por otro lado, la palabra *creencia* generalmente evoca una imagen de asentimiento intelectual. Decimos creer en algo en tanto pensemos que eso probablemente sea verdad. Y dado que nuestras creencias apuntan a existir principalmente en el espacio que tenemos entre oreja y oreja, no nos causa una particular perplejidad que la gente afirme creer en algo (llámese OVNIS, Pie Grande, la evolución de Darwin, el creacionismo o Jesús) y que al mismo tiempo viva como si no lo creyera. Para la mayoría de nosotros, las creencias son intelectuales. El actuar en base a ellas es algo opcional.

Podemos descubrir en esta definición de *creencia* la manera en que muchos de nosotros nos acercamos a la evangelización. Le contamos la historia de Jesús a la gente y luego le preguntamos si la cree. A aquellos que responden que sí, inmediatamente les aseguramos que están camino al cielo. Después de todo, son «creyentes». No parece importarnos que la Biblia agregue unos cuantos elementos de calificación que van más allá de un asentimiento mental.[2]

Confianza

En contraste con el uso que hacemos de los términos *fe* y *creencia*, cuando usamos la palabra *confianza* casi siempre lleva implícita la suposición de que habrá algún tipo de acción que le corresponda. Si confiamos en una persona, se supone que lo demostremos en respuesta. Por ejemplo, si los padres de una chica adolescente le dicen «Confiamos en ti» pero no la dejan salir de la casa, pensaremos que lo que ellos han dicho son palabras sin sentido. No cabe duda de que por lo menos la hija lo considerará así.

Resulta claro que cada una de estas tres palabras tiene un significado diferente en el idioma inglés. Pero, para sorpresa de la mayoría de los cristianos, cada vez que encontramos una de estas tres palabras en nuestro Nuevo Testamento en inglés, todas ellas traducen alguna palabra que tiene la misma raíz en el griego.[3]

Eso significa que la Biblia desconoce las nítidas distinciones que nosotros hacemos entre fe, creencia y confianza. Desde el punto de vista bíblico, no solo se enciman unas con otras, sino que prácticamente son sinónimos. A los autores de las Escrituras, las modernas distinciones que hacemos entre fe, creencia y confianza les resultarían bastante extrañas y forzadas.

Entonces, ¿qué clase de fe es la que quiere Dios?

La clase de fe por la que aboga la Biblia y Dios desea ver en nosotros tiene mucho más que ver con nuestras acciones que con nuestros sentimientos. De hecho, la fe bíblica está tan cercanamente unida a las acciones de obediencia que la Biblia ridiculiza la sola idea de que alguien diga tener fe sin actuar en base a ella.[4]

A Dios no le interesa que dominemos el arte de un pensamiento positivo. No se siente impresionado por la gimnasia mental de la visualización. Ni siquiera insiste en que erradiquemos todas las dudas y temores. De hecho, en más de una vez él ha respondido las oraciones de personas cuya «fe» era tan débil que cuando Dios les dijo que sí ellos ni siquiera lo podían creer.[5]

Cuando la primera respuesta ante una oración respondida es shock y sorpresa, las personas que elevaron esa oración ciertamente no entran dentro de una definición estándar de lo que es tener fe. Sin embargo, de todos modos Dios les responde porque sus oraciones encajan dentro de lo que es *su* definición de la fe. El simple acto de haber orado ya constituyó un acto de fe: confiaron lo bastante en Dios como para hacer lo que él había mandado, aunque tuvieran la seguridad de que no funcionaría.

Para comprender mejor lo que es la fe bíblica y la forma en que funciona, echémosle una mirada al más famoso de los pasajes bíblicos sobre la fe: Hebreos 11. Con frecuencia se lo ha llamado La Galería de los Héroes de la Fe, y nos ofrece una larga lista de ejemplos; cada uno de ellos muestra cómo es la fe que le agrada a Dios y lo que ella produce.

El escritor de Hebreos comienza con Abel, el hijo de Adán, luego pasa a Enoc, Noé, Abraham, Isaac, Jacob, José y Moisés, y nos da una serie de semblanzas que describen sus pasos de fe y las grandes victorias que les siguieron.

Entonces, y casi como si estuviera perdiendo ímpetu (o la atención de su audiencia), el escritor agrega doce ejemplos más. Pero en esta ocasión presenta solo un nombre o una referencia críptica de las grandes victorias logradas por su fe.

Resulta una lista inspiradora. A primera vista, parecería apoyar la noción popular de que la fe correctamente aplicada puede conquistarlo todo. Cuenta acerca de que se ganaron reinos, de que se les cerró la boca a los leones, de incendios sofocados, de debilidades convertidas en fortaleza, de enemigos que fueron vencidos, y de muertos que resucitaron. Todo eso en un resumen muy interesante.

Pero el escritor no se detiene allí. Continúa.

Ahora bien, debo hacerles una advertencia: Es posible que lo que él dice se entremeta con los pensamientos de ustedes. Con toda seguridad se entremetió con los míos. Luego de recitar esa lista interminable de victorias, de repente da un volantazo y cambia de rumbo. Ahora habla de gente cuya fe la condujo por un camino diferente: personas que fueron torturadas, burladas, azotadas, puestas en prisión, apedreadas, aserradas por la mitad, y muertas a filo de espada. Y acaba con un recordatorio acerca de que aún algunos otros más fueron recompensados con una extrema pobreza económica, persecución y malos tratos.

Y entonces escribe estas palabras: «Aunque *todos* obtuvieron un testimonio favorable mediante la fe, ninguno de ellos vio el cumplimiento de la promesa».[6] En otras palabras, ellos no son los marginados de la fe, los perdedores, los que no tienen las cosas claras. Son los hombres y mujeres cuya fe Dios aplaude. Sin embargo, su fe no logra arreglar nada.

En algunos casos empeora las cosas.

¡Vaya!

Les puedo garantizar que nadie les enseñó a mis hijos sobre ese aspecto de la fe en la escuela dominical. Imaginemos que lo hubieran hecho: «Bien, niños, hoy vamos a aprender acerca de que confiar en Dios y obedecerlo puede llevarnos a ser partidos en dos, arrojados en la cárcel, odiados por nuestros amigos o hacer que nos veamos forzados a conducir un automóvil desvencijado durante el resto de nuestras vidas».

Eso ralearía el ganado.

Y con seguridad irritaría a unos cuantos padres.

Pero, en esencia, eso es lo que la Biblia dice que la fe puede llegar a causar en nosotros (al menos la clase de fe que Dios recomienda tener). Puede llevarnos a la victoria. Puede llevarnos a la cárcel. Lo que fuera, lo determina él y no nosotros.

¿Por qué tomarnos la molestia, entonces?

Eso hace surgir una pregunta importante. Si la fe tiene que ver principalmente con confiar en que Dios puede hacer lo que él dice, y sin embargo no lo soluciona todo y en ocasiones empeora las cosas, ¿para qué tomarnos la molestia de creer?

Hay una razón que está por sobre todas las demás. Es lo que Dios desea de nuestra parte. Él mismo lo dice: «Sin fe es imposible agradar a Dios».[7]

Ahora bien, a mí me parece que si Dios es realmente Dios, y no solo algún tipo de fuerza mística, o un asesor cósmico, o nuestro tío favorito en los cielos, entonces resulta muy importante que prestemos atención para poder entender lo que él desea de nosotros y hacerlo. Pocos de nosotros nos animaríamos a entremeternos con las preferencias expresas de nuestro jefe. ¿Y qué clase de tonto se entremetería con Dios?

> *En mil años a partir de ahora, ya no tendrán importancia todas esas cosas que hemos procurado solucionar a través del pensamiento positivo, la visualización y las oraciones que descartan toda duda. Lo único que importará será el maravilloso futuro que nos espera y nuestra relación con Dios cara a cara.*

Otra de las razones que tenemos para vivir por fe (aunque ella no pueda solucionar todos los problemas que enfrentamos) es que promete solucionar el mayor de nuestros problemas y el mayor de nuestros dilemas. ¿Qué diremos y haremos cuando tengamos que pararnos delante de un Dios santo y perfecto, que conoce cada uno de nuestros secretos y todos nuestros pecados?

Seamos sinceros ahora: ¿qué evitará que nos incineremos?

Francamente, nada.

Pero allí es precisamente donde el verdadero poder reparador de la fe bíblica hace su entrada. Jesús prometió que todo el que cree en él (recordemos que eso incluye confiar lo suficiente como para seguirlo y hacer lo que él dice) recibirá el perdón y el don de la vida eterna.[8] En mil años a partir de ahora, ya no tendrán importancia todas esas cosas que hemos procurado solucionar a través del pensamiento positivo, la visualización y las oraciones que descartan toda duda. No serán sino solo un recuerdo lejano, si es que aún podemos recordarlas. Lo único importante será el maravilloso futuro que nos espera y nuestra relación con Dios, cara a cara.

El sistema GPS de Dios

La comprensión correcta de la fe bíblica tiene aún un beneficio más. La fe bíblica nos da algo que no pueden proporcionarnos todo el pensamiento positivo y toda la visualización del mundo. Nos provee un mapa para la vida, algo de lo que podemos depender siempre para que nos lleve exactamente a donde Dios quiere que vayamos.

Tenemos que admitir que no siempre resulta un mapa fácil de seguir. Poder hacerlo nos requerirá tiempo, experiencia y dar algún que otro salto en la oscuridad. Puede causarnos frustración y temor a veces. Pero al final se convierte en una guía confiable para aquellos que se dejan guiar por él, y nos garantiza poder llegar siempre a donde tenemos que ir.

En muchos sentidos, la aventura de aprender a vivir por una fe bíblica se parece mucho a la relación de amor/odio que yo mantengo con el software de mapeo de mi unidad GPS. Permítanme explicarles.

Yo soy alguien despistado geográficamente. Mi esposa no tiene idea de cómo hago para llegar a casa luego de viajar para cumplir con un compromiso en algún lugar. Siempre se sorprende de verme entrar por la puerta del frente.

Mi problema es doble. Primero, mentalmente suelo estar en dos lugares a la vez. Yo lo llamo multiplicidad de tareas. Mi familia y amigos lo llaman de otra forma. Pero el resultado final es que puedo enajenarme por completo del entorno. Y cuando eso sucede, literalmente no sé dónde estoy. Puede ser que crea saber, pero no es así, principalmente porque no suelo prestar atención.

Mi segundo problema es que me falta por completo un sentido interno de dirección. Sin el Océano Pacífico y las montañas como puntos de referencia, no tengo idea de la dirección en que queda el norte, el sur, el este o el oeste. Lo que significa que además de no saber dónde estoy, con frecuencia no sé hacia dónde me dirijo.

Juntando las dos cosas obtengo una receta como para jugar a la búsqueda y rescate. Pero afortunadamente (así lo pensarían ustedes), vivo en una época en que un GPS está al alcance de un hombre común.

Sin embargo, a pesar de la promesa que un GPS que esté al alcance de la mano nos hace, existe un problema que resulta frustrante. La voz latosa de mi aparato con frecuencia me indica que realice un giro equivocado.

Mi primera reacción es siempre una ráfaga de indignación contra la compañía que produce el software del mapeo. Me pregunto por qué no logran realizarlo correctamente. Sé que hay muchas calles que deben incluir, pero ¡por favor! Para eso les pago. Y no hablo de que yo piense que debería girar a la izquierda cuando me dicen que gire a la derecha. Me refiero a esas ocasiones en las que *sé* que debo girar a la izquierda.

Para empeorar las cosas, cuando realizo el giro que sé que tengo que hacer, la señorita de la caja comienza a regañarme. En un tono levemente disgustado, repite una y otra vez: «Recalculando. Recalculando».

> *La fe no es una habilidad que llegamos a dominar. No se trata de un escudo protector impenetrable que nos protege de las dificultades y pruebas de la vida. No constituye una poción mágica que nos libra de cada lío. Es un mapa que debemos seguir.*

Eso hace que me estire y oprima el botón para apagarlo. Pero antes de lograrlo, generalmente tengo la impresión de toparme con una inquietante realidad. Estaba seguro de estar en lo correcto antes… pero de alguna manera las cosas acabaron mal. Y a pesar del hecho de que mi GPS a veces no parece tener conciencia de una o dos calles, y de que ocasionalmente me lleva por una ruta menos directa, siempre encuentra la forma de llevarme a donde yo quiero ir.

Pero, maldita sea, en esta ocasión sé que estoy en lo correcto. Tengo absoluta certeza. Y no me importa cuántas veces me repita «Recalculando». Es ella la equivocada.

¿Entonces qué hago?

Esa es, en esencia, una crisis de fe. Tengo que hacer una elección ¿Colocaré mi confianza en mi propio sentido de dirección, al descubrir que en esta ocasión mi no tan confiable GPS se ha equivocado? ¿O colocaré mi fe en esa pequeña cajita y doblaré a la derecha, a pesar de tener la seguridad que de que me está conduciendo lejos de donde yo quiero ir?

Probablemente ustedes ya conozcan la respuesta. Basado en mis experiencias pasadas, he aprendido a encogerme de hombros y hacer lo que esa unidad me indica. Así que de mala gana giro en una dirección que no tiene sentido para mí. Y al hacerlo, mi pulso se acelera y se me revuelve el estómago. Mi mente se puebla de imágenes de compromisos para hablar que he perdido y de vuelos que no alcancé.

De todos modos giro.

Y por esa razón sorprendo siempre a mi esposa cuando entro por la puerta del frente. De algún modo mágico el este se convirtió en oeste y la ruta «equivocada» me llevó hasta ese lugar.

Imagínense ustedes.

Una vez que llego a destino, no importan las dudas o preocupaciones que me hayan asaltado a lo largo del camino. Mientras siga las directrices, o vuelva a encaminarme rápidamente luego de una pequeña «reprogramación», siempre acabo adonde debo ir.

Esa es precisamente la manera en que funciona la fe bíblica. Cuando se la entiende y se la aplica correctamente, no importa cuántas dudas nos asalten. Ni siquiera importa que estemos convencidos de que todo está perdido. En última instancia lo que cuenta es si tenemos la suficiente fe (tal vez no sea más que un grano de mostaza) como para seguir las instrucciones de Dios. Aquellos que lo hacen llegan donde esperan llegar. Aquellos que no, acaban perdidos en algún lugar lejos de su hogar.

La fe no es una habilidad que llegamos a dominar. No se trata de un escudo protector impenetrable que nos protege de las dificultades y pruebas de la vida. No constituye una poción mágica que nos libra de cada lío. Es un mapa que debemos seguir.

Ha sido diseñada para guiarnos por una senda llamada justicia. No nos promete arreglar cada cubierta que se nos pinche a lo largo del camino. No nos reprogramará la ruta para evitar cada embotellamiento de tránsito. Ni siquiera va a detener la furia que demuestra tener al volante ese tipo loco con el que nos cruzamos en el empalme.

Pero nos va a llevar exactamente a donde Dios quiere que vayamos. ¿Y no es allí donde queremos llegar?

¿PUEDE LA FE ARREGLARLO TODO?

Fueron apedreados, aserrados por la mitad, asesinados a filo de espada. Anduvieron fugitivos de aquí para allá, cubiertos de pieles de oveja y de cabra, pasando necesidades, afligidos y maltratados. ¡El mundo no merecía gente así! Anduvieron sin rumbo por desiertos y montañas, por cuevas y cavernas.

Aunque todos obtuvieron un testimonio favorable mediante la fe, ninguno de ellos vio el cumplimiento de la promesa. Esto sucedió para que ellos no llegaran a la meta sin nosotros, pues Dios nos había preparado algo mejor.

HEBREOS 11:37-40

2 PERDONAR SIGNIFICA OLVIDAR

El perdonar no constituye una opción. Es un deber sagrado que Jesús nos demanda y que encontramos reiterado a través de todo el Nuevo Testamento. Resulta un aspecto central del mensaje cristiano.

Pero cuando se trata de perdonar de verdad a alguien por algo... bueno, esa es otra cuestión. Nos es difícil llevarlo a cabo. Y resulta aún más arduo porque a muchos de nosotros jamás se nos ha hecho ver en qué consiste en realidad el perdón bíblico.

A algunos se nos ha enseñando que el perdón es hacer de cuenta que nada sucedió, o sea asumir una postura de enterrar la cabeza en la arena e ignorar lo obvio. Algunos de nosotros pensamos que es una serie inacabable de segundas oportunidades que habría que dar. Otros lo visualizan como un nuevo comienzo en el que se dejan atrás todas las consecuencias y el antiguo bagaje. Y hay aún otros que lo imaginan como la restauración completa e inmediata de una relación rota, en la que se ofrece el mismo nivel de confianza y de privilegios que precedieron a la acción incorrecta.

Pero la idea más ridícula de todas es aquella creencia muy difundida que postula que el genuino perdón significa literalmente olvidar lo que ha sucedido: hacer borrón y cuenta nueva de modo que desaparezca todo recuerdo de la transgresión.

Eso fue lo que se me enseñó como nuevo cristiano. Se me dijo que si yo confesaba mis pecados a Dios, él me los perdonaría. Y que si yo confesara el mismo pecado dos veces, Dios se confundiría.

Que él no tendría idea acerca de lo que yo hablaba porque ya lo había perdonado y olvidado la primera vez. El perdón, entonces, era un acto de amnesia espiritual autoinducida que Dios realizaba en mi favor; y él esperaba que yo hiciera lo mismo con los demás.

Pero hay un problema con respecto a este concepto. Esa no es la forma en la que Dios perdona. Él no olvida cuando perdona, al menos no en el sentido en que nosotros usamos corrientemente la palabra *perdonar* hoy,

El mito de un Dios olvidadizo

Cuando buscamos la palabra *olvidar* en cualquier diccionario, encontramos que su principal significado es la incapacidad de recordar algo (como cuando olvidamos dónde hemos puesto las llaves, o nos olvidamos de aparecer en una reunión importante). Es lo opuesto a recordar.

Quizá sea por eso que cuando la Biblia dice que Dios perdona nuestros pecados y *nunca más se acordará de ellos*, muchos de nosotros pensamos que eso significa que él literalmente los borra de su memoria. Como si nunca hubieran sucedido.[1]

Agreguemos aquellos otros versículos que hablan de que Dios echa de nosotros nuestros pecados tan lejos como está el oriente del occidente y arroja nuestras iniquidades en lo profundo del mar (con un cartel que dice *No pescar* colocado en un lugar visible, según me dijeron), y podremos comprender por qué el perdón con frecuencia ha sido definido como sacar las cosas hasta el punto en que desaparezca de nuestra memoria todo rastro de la acción equivocada.[2]

Pero eso no es lo que significan esos versículos ni la manera en que se usa la palabra *recordar* en la Biblia.

Cuando la Biblia habla de que Dios recuerda algo, no significa que de golpe vuelve a su mente un pensamiento perdido durante un largo período. Simplemente significa que él renueva su obra en la persona o situación de la que se trate.

Por ejemplo, la Biblia dice que luego de que Noé anduvo flotando por casi cinco meses en el arca, Dios se acordó de él.[3] Eso no implica que Gabriel hubiese tenido que recordarle al Señor que se había olvidado la manguera con el grifo abierto. Significa que Dios renovó su obra en la vida de Noé. Desde la perspectiva de Noé tal vez parecería que Dios lo había olvidado. Pero Dios no lo había hecho.

Lo mismo les cabe a las muchas historias bíblicas que cuentan acerca de los pecados cometidos por los santos, y del posterior perdón de Dios. Desde la necia experiencia de Adán al probar la fruta, hasta el adulterio de David, que le obnubiló la mente, pasando por la clara negación de Pedro, la Biblia nos cuenta sobre algunos pecados absolutamente horribles. Cada uno de ellos exhibido de manera destacada, hecho conocer de modo amplio, y perdonado completamente.

Ahora bien, si el perdón implica que Dios no guarda memoria de esos sucesos, nos encontramos con un dilema teológico entre manos. Tú y yo conocemos cosas de las que Dios no tiene conciencia. La Biblia contiene historias que él no puede recordar.

Obviamente, eso es un absurdo.

Entonces, ¿qué es lo que quiere decir la Biblia cuando habla de que Dios no se acordará más de nuestros pecados? Significa que ya no reaccionará hacia nosotros a la luz de esos pecados. Ellos ya no causarán que nuestra relación con él se descarrile. No serán motivo de su ira. Han desaparecido por completo de nuestra cuenta. Pero eso no significa que él no pueda recordar todas las cosas que hemos hecho. Se trata de un Dios omnisciente que no se olvida de las cosas.

Por qué le damos tanta importancia a eso

Es importante que lo comprendamos porque cada vez que el llamado a perdonar se transforma en un llamado a olvidar, muchos de nosotros optamos por abandonar el asunto. Aunque sintamos que debemos perdonar, pocos de nosotros podemos hacerlo si eso implica una amnesia autoinducida. Así que ni siquiera nos molestamos en intentarlo, a excepción de las ocasiones en las que lo que enfrentamos son pequeñas heridas y molestias de la vida. Las cosas grandes quedan allí.

Pero eso no es todo. Cuando el perdonar se vuelve sinónimo de olvidar, tiende a producir confusión espiritual y otras respuestas espirituales más bien desafortunadas en aquellos de nosotros que hemos sido perdonados y en aquellos que necesitamos perdonar. He aquí algunos pocos ejemplos:

Enojo con Dios

Cuando el ponernos en orden con Dios no hace que las cosas de la vida se pongan en orden, es fácil que nos desilusionemos y nos enojemos con Dios, en especial si creemos que su perdón debería haber quitado toda traza de nuestro pecado y sus consecuencias.

He conocido muchas personas que han echado a perder el mejor momento de sus vidas. Muchos se han arrepentido genuinamente, han abandonado el pecado y han procurado seguir adelante con sus vidas, solo para descubrir que no podían hacerlo. Las cadenas del pasado eran demasiado fuertes como para liberarse de ellas.

Recuerdo a alguien que defraudaba con sus impuestos y nunca logró sacarse de encima a los inspectores de Hacienda Pública, a un padre alcohólico que jamás logró recuperar a sus hijos, y a un adicto a la pornografía que nunca se volvió a ganar la confianza de su esposa ni recuperó su intimidad con ella aunque lo intentó esforzadamente.

Luego de un tiempo, unos cuantos de estos individuos se enojaron con Dios. Porque supusieron que perdonar significaba olvidar y no entendían por qué Dios no había arreglado todo lo que ellos habían roto. Sentían que él no había cumplido su parte en este trato de confesión y perdón.

Sin embargo, la realidad era que Dios había cumplido con su parte del trato. Los había perdonado exactamente como había prometido y en la misma exacta manera en que había perdonado a todos los antiguos santos de la Biblia. Desafortunadamente, mis amigos no sabían lo que las Escrituras dicen en realidad con respecto al perdón, ni cuál era la manera en la que Dios había obrado en la vida de los héroes bíblicos. Creían saberlo. Pero no.

Expectativas irracionales

Hay otro problema que se produce cuando se confunde perdonar con olvidar. Tendemos a suponer que si alguien nos ha perdonado, todo lo sucedido en el pasado tendría que ser una cuestión acabada. La otra persona debería superarlo y simplemente seguir adelante.

Pero eso es irrazonable. Injustamente le juega en contra a aquel que ha sido agraviado. Supone que su dolor debería desaparecer por arte de magia. Y si no sucede así, señalamos a la parte injuriada de ser incapaz de perdonar. Nuestro pecado es ahora su problema. ¡No está mal el trato!

Sin embargo, sanarse lleva tiempo. El perdón es una decisión que luego se desarrolla a través de un largo proceso. La expectativa de que aquellos a los que hemos injuriado simplemente lo olviden no solo es irracional, sino poco saludable para las emociones. La gente que no puede recordar lo que le ha sucedido, o que solo entierra sus sufrimientos, no está espiritualmente madura; podría considerárse la discapacitada en lo mental o en lo emocional.

Darse por vencido

Quizá el inconveniente más significativo de equiparar el perdón con el olvido es que hace que el perdón nos parezca algo inalcanzable.

> *Con toda seguridad podemos (y deberíamos)*
> *olvidar las pequeñas cosas: los desaires sociales,*
> *las palabras poco amables, al idiota que nos roba*
> *el estacionamiento. Pero cuando se trata de las*
> *verdaderas heridas e injusticias que han afectado*
> *nuestra vida, la mayoría de nosotros somos*
> *bien conscientes de que la amnesia espiritual*
> *autoinducida no es algo que se pueda programar.*

Cualquiera que haya sido herido profundamente sabe que los recuerdos dolorosos se clavan. No podemos quitarlos por pura voluntad. Aunque oremos, no se borran. El dolor puede disminuir. Los recuerdos pueden desdibujarse. Las pesadillas pueden desaparecer. Pero, ¿irse para siempre? No es frecuente.

Con toda seguridad podemos (y deberíamos) olvidar las pequeñas cosas: los desaires sociales, las palabras poco amables, al idiota que nos roba el estacionamiento. Pero cuando se trata de las verdaderas heridas e injusticias que han afectado nuestra vida, la mayoría de nosotros somos bien conscientes de que la amnesia espiritual autoinducida no es algo que se pueda programar. Por una sencilla razón: no resulta posible.

Y, lamentablemente, al decidir que no es posible olvidar, muchos de nosotros también determinamos en forma errónea que no es posible perdonar, al menos cuando se trata de cosas grandes.

El dilema de Aaron

Pienso en mi amigo Aaron. Al verse confrontado con una injusticia demasiado grande como para ser olvidada, y al tener conciencia de que el llamado de Dios a perdonar era demasiado importante como para ser desatendido, se encontró atrapado en un atolladero espiritual y emocional.

Su hijo había sido brutalmente asesinado por un padrastro enfurecido. Durante el juicio se hizo evidente que el asesino tenía una larga historia de relaciones signadas por el abuso. Dos ex esposas y hasta sus hijos mayores se presentaron a testificar acerca del terror que habían padecido en sus manos.

Luego de la sentencia, Aaron vino a verme claramente perturbado. Sabía que tenía que seguir adelante, pero no veía cómo podría jamás olvidar, ni entendía la razón por la que debería hacerlo. Desde su perspectiva, olvidarlo todo deshonraría la memoria de su hijo y abriría la puerta para que al salir de la cárcel, algún día, ese asesino lo hiciera otra vez. Se había prometido a sí mismo presentarse en cada una de las audiencias de petición de libertad condicional para asegurarse de que eso no sucediera. Deseaba que el asesino de su hijo quedara encerrado por el resto de su vida.

Por un lado, sentía que honraba a su hijo y protegía a los demás. Por el otro, temía condenar su propia alma debido a su imposibilidad de perdonar, y a su falta de disposición para hacerlo y seguir adelante.[4]

Afortunadamente, pudimos dedicar algo de tiempo a investigar lo que la Biblia dice en realidad con respecto al perdón. Al hacerlo, él se dio cuenta de que muchas de sus ideas sobre lo que Dios esperaba de él no tenían arraigo en las Escrituras. También descubrió que la clase de perdón que Dios deseaba no solo era posible sino deseable; y eso no tenía nada que ver con fingir que sufría de un Alzheimer espiritual.

La forma en que Dios perdona

Cuando se trata del perdón, existen dos esferas: el campo de batalla espiritual y eterno, y el campo de batalla temporal y terreno. El perdón de Dios se muestra algo diferente en cada uno de ellos.

En la esfera de lo espiritual y eterno, el perdón hace borrón y cuenta nueva. Aunque Dios no se olvida de lo que hemos hecho, nos trata como si eso nunca hubiera sucedido. Las consecuencias espirituales y eternas desaparecen. Judicialmente, nuestros antecedentes están limpios.

Pero a nivel terrenal, las cosas son diferentes. El perdón de Dios nunca, o raramente, nos evita las consecuencias de lo que hemos hecho, o restaura lo que hemos roto. En lugar de eso, nos ofrece una segunda oportunidad.

Consideremos lo que quiero decir.

Consecuencias

Luego del infame encuentro furtivo de David con Betsabé, pasado un tiempo él lo confesó. Reconoció su pecado, lo repudió y clamó a Dios. Para su gran alivio, Dios le aseguró que había sido perdonado y que salvaría su vida.

Pero el perdón de Dios no significó borrón y cuenta nueva. No lo libró de las consecuencias. De hecho, Dios le agregó algunas otras consecuencias extra.

Se le informó a David que la espada nunca se apartaría de su casa; que él siempre estaría en guerra. Se le dijo que su propio hijo un día lo iba a deshonrar en público de la misma manera en que él había deshonrado al marido de Betsabé en privado. El templo que siempre había soñado construir para Dios quedaría para que lo construyera otro. Y el hijo concebido en esa noche de pasión moriría unos pocos días después de su nacimiento.[5]

Al considerar esto, mi amigo Aaron quedó sorprendido. Por mucho tiempo había conocido la historia de David y Betsabé. Pero nunca había relacionado el tipo de perdón que Dios le había ofrecido a David con la clase de perdón que Dios deseaba que él le extendiera al asesino de su hijo.

Se sintió aliviado al darse cuenta de que Dios no les estaba pidiendo que fingiera que no había pasado nada ni que dejara de lado todas las consecuencias terrenas y legales de ese crimen. Resultaba perfectamente apropiado que buscara justicia y que hiciera todo lo que pudiera para asegurarse de que se cumpliera.

El perdón no implicaba librar al otro de sufrir las consecuencias.

Una segunda oportunidad

Pero Aaron también debió enfrentar el desafío que implicaba darse cuenta de que junto con algunas consecuencias terrenales desagradables Dios le había dado a David algo más, que Aaron no estaba dispuesto a ofrecerle al asesino de su hijo: una segunda oportunidad.

Dios no condenó sumariamente a David a una vida de pesar desesperado. Aun cuando había perdido el plan A, todavía le quedaba un plan B. No se trataba de un nuevo comienzo, libre de todas las consecuencias; no, tendría que sufrirlas a través de toda su vida. Pero sí se trataba de una oportunidad genuina de convertirse a los ojos de Dios en algo distinto del adúltero y asesino que había sido (y que técnicamente aún era).

Cuando David volvió al camino de la obediencia, Dios lo restauró a los niveles más altos de utilidad. Las dificultades y las trágicas consecuencias terrenales continuaron. Pero al mismo tiempo, Dios le permitió seguir siendo rey, ¡e incluso escribir partes de la Biblia!

Y hablando de segundas oportunidades, Dios tomó lo mejor de las poesías y de las reflexiones de David (mucho de lo que fue escrito después de su fracaso con Betsabé) y lo publicó en su libro sagrado. Y luego Jesús mismo lo citó.

¡Eso resulta sorprendente! Cuando se trata de ser restaurado para volverse útil, escribir un trozo editorial de la Biblia es lo mejor que se puede pedir. ¿Quién necesita convertirse en un éxito de ventas del *New York Times* o ganar el premio Pulitzer? Pero, lo más importante es que los tratos de Dios con David nos han dejado un modelo de patrón de perdón que, reteniendo las consecuencias terrenas, al mismo tiempo ofrece una genuina oportunidad de restauración y productividad.

Aaron tomó conciencia de que si el asesino de su hijo alguna vez se volvía a Dios y buscaba su perdón, él tendría que darle una segunda oportunidad. No un pase libre para salir de la cárcel, o la quita, aquí sobre la tierra, de todas las consecuencias debidas a sus detestables acciones, sino una oportunidad genuina de convertirse ante los ojos de Aaron en algo diferente del monstruo que había sido aquella noche llena de furia.

Aprender a perdonar

Entonces, ¿de qué modo vivimos esta clase de perdón en el mundo real? ¿Qué consecuencias resultan apropiadas? ¿Cuáles son punitivas? ¿Hasta qué punto debemos llegar con las segundas oportunidades? ¿El perdonar significa volver a confiar en alguien aun cuando sabemos que no es confiable? ¿Eso les concede a los que nos han herido el derecho a meterse de nuevo en nuestras vidas en un nivel profundo y que comprometa nuestro tiempo? ¿Tenemos que invitarlos a cenar… o para el banquete de Acción de Gracias… o a nuestra boda?

Son preguntas difíciles. Para poder responderlas, consideremos lo que sucede cuando dejamos de lado la leyenda urbana del perdón y reaccionamos de un modo más en línea con lo que la Biblia dice en realidad acerca de él.

Dejemos de sacar cuentas

Lo primero que debemos hacer es dejar de sacar cuentas. El perdón bíblico no lleva estadísticas. Cuando Jesús habló de perdonar setenta veces (o setenta veces siete, como ciertos eruditos traducen ese pasaje), no estaba sugiriendo que tomáramos nota de ellas en una hoja. Estaba usando una hipérbole (o exagerando, con el fin de lograr un efecto) para recordarnos que debíamos seguir perdonando.[6]

Creo que sé por qué. Cuando se trata de llevar un registro de las heridas que recibimos y de los conflictos e injusticias por los que pasamos, tenemos la tendencia a utilizar ciertas matemáticas creativas. Desarrollamos una habilidad asombrosa para contar menos de nuestros actos indebidos y multiplicar las malas acciones de los demás.

Remontémonos a la última vez en que alguien realizó una peligrosa maniobra de cambio de carril y casi nos embistió. Apuesto a que tu reacción fue muy parecida a la mía. Luego de hacer sonar rápidamente la bocina, de echarle una mirada amenazadora, o de hacer un gesto de disgusto, nos dispusimos a seguir adelante, confiando en que el idiota que se nos cruzó hubiera recibido el mensaje, y que eso lo llevara a ser más cuidadoso en una próxima ocasión.

Pero con demasiada frecuencia, esa no es la manera en que el que comete la infracción lo ve. Él tenderá a considerar ese casi accidente como una falta que no produjo daño ni causó un gran susto. Lo que hace que el sonido de nuestra bocina, o el haberlo mirado mal, constituya una afrenta personal. Lo coloca un punto por debajo en la tarjeta de resultados que tiene que ver con el ojo por ojo y diente por diente. De modo que pega su automóvil detrás del nuestro, o se coloca al costado para dirigirnos algunas palabras selectas o hablarnos a través de un lenguaje de señas universal.

Nos preguntamos: *¿Qué le pasa a este tipo impulsivo?* Y si nosotros también tenemos una inclinación a que nos salten los fusibles, es probable que digamos o hagamos algo para nivelar el resultado.

La batalla ya está iniciada. Estamos a pocos pasos de una furia manifiesta en la carretera, mientras cada una de las partes hace escalar la cuestión ante los ojos del otro, en tanto que a sus propios ojos simplemente está nivelando las cosas.

Consigamos un buen espejo

Quizá haya sido esa tendencia que tenemos a contar creativamente los resultados lo que llevó a Jesús a dejarnos su famosa parábola del siervo que no estaba dispuesto a perdonar. Es la historia de un siervo que debía a su rey una gran suma de dinero. Tanto, que nunca podría haber llegado a pagarla. Cuando se le pidieron cuentas, él le rogó al rey que le diera más tiempo. El rey le dio algo mejor. Generosamente le perdonó toda la deuda y lo mandó de vuelta a su casa.

Uno pensaría que ese siervo a partir de allí sería un ex deudor muy feliz. Pero en lugar de eso, él se fue a confrontar a un consiervo que le debía una pequeña cifra de dinero y le demandó su pago inmediato.

Cuando el rey se enteró, se puso furioso. Llamó al siervo y —tomen nota de esto— *le restituyó toda la deuda que le había perdonado previamente.* Jesús entonces acabó la parábola con estas palabras escalofriantes: «Así también mi Padre celestial los tratará a ustedes, a menos que cada uno perdone de corazón a su hermano».[7]

Les dejo a los teólogos la discusión acerca de hasta qué punto tomar literalmente las palabras de Jesús, y hasta dónde llevar la analogía del rey que restituyó una deuda que había sido cancelada. Puedo visualizar en este momento un campeonato final de lucha entre arminianos y calvinistas. Eso va a resultar interesante. Pero mientras tanto, tengamos esto por cierto: cuando se trata del perdón, es tonto rehusarse a perdonar a otros cuando Dios ya nos ha perdonado a nosotros.

Por eso el perdón bíblico siempre comienza echándole una mirada al espejo. No comienza con el mal que me han causado; empieza con el mal que yo les he ocasionado a otros. Nos lleva a preguntarnos: «¿Qué es lo que he hecho y cómo he sido perdonado?» Y luego extiende el mismo tipo de perdón a los demás.[8]

Reprendamos cuando nos hacen mal; perdonemos cuando nos lo piden

Pero, ¿qué sucede si la persona que nos hace mal no desea ser perdonada? ¿Qué sucede si se mantiene en la suya? ¿La reacción cristiana es ignorarla? ¿Confrontarla? ¿Darle una lección que no pueda olvidar?

Algunos dicen que la actitud cristiana es perdonar antes de que nos lo pidan, aun mientras se está llevando a cabo la injusticia o la acción de fastidiarnos. Si el matón de la escuela persiste en robarnos el almuerzo, preparemos un sándwich extra para él. Si el perro de la casa de al lado ladra toda la noche y todas las noches, cerremos las ventanas, compremos unos tapones para los oídos y levantemos el volumen del televisor. Y hagamos lo mismo con nuestro ex que se rehúsa a respetar el acuerdo por la custodia. Perdonar antes que nos lo pidan.

Después de todo, ¿Jesús no dejó pasar las injusticias que cometieron contra él? ¿No se rehusó a tomar represalias? ¿No le pidió al Padre que perdonara a aquellos que lo mataron?

Bueno, sí y no.

Jesús dijo acerca de los soldados que lo estaban crucificando: «Padre… perdónalos, porque no saben lo que hacen».[9] Pero ese es precisamente el punto. Sus verdugos romanos no tenían idea de lo que estaban haciendo dentro del esquema cósmico de las cosas, ni sabían a quién tenían en sus manos.

Pero Jesús no se apresuró a liberar de culpa a los fariseos y a otros líderes religiosos. De hecho, más bien que excusar sus transgresiones, los amenazó con el fuego del infierno. Aún le informó a uno de los grupos que un determinado pecado suyo iba más allá del perdón.[10]

No hay dudas: como seguidores de Cristo tenemos que perdonar. Pero eso no es lo mismo que pasar por alto todo lo que la gente dice o hace. Jesús dijo: «Si alguien te da una bofetada en la mejilla derecha, vuélvele también la otra». Pero también mandó: «Si tu hermano peca, repréndelo; y si se arrepiente, perdónalo».[11]

> *El llamado de Dios a perdonar no implica que tengamos que andar por la vida siendo un saco de arena contra el que descargar golpes. No significa que no podamos levantar la voz y decir lo que pensamos. No significa entregarse.*

En otras palabras, hay tiempo y lugar para la confrontación y la represión, y para señalar nuestro disgusto por lo que se está haciendo. El llamado de Dios a perdonar no implica que tengamos que andar por la vida siendo un saco de arena contra el que descargar golpes. No significa que no podamos levantar la voz y decir lo que pensamos. No significa entregarse.

Permitamos que Dios sea Dios

Finalmente, el perdón se le puede conceder solo a aquellos que lo desean. Para aquellos que no lo desean, en especial para los que prefieren continuar lastimándonos en lugar de reconciliarse con nosotros, hay otra respuesta. Muchos cristianos ni siquiera saben que esta respuesta es una opción.

¡Se llama venganza!

Para sorpresa de muchos, hay un tiempo y un lugar apropiados para la venganza. Pero se trata de un tipo distinto de venganza de aquella que la mayor parte del mundo conoce. No se trata de devolver mal por mal personalmente. Para el cristiano, esa nunca es una alternativa.[12] En lugar de eso es entregar la venganza en manos de Dios, pidiéndole que él se encargue a su debido tiempo.

Un día, durante el juicio al asesino de su hijo, Aaron me confió que algunas noches permanecía despierto maquinando la manera de encontrar un asesino a sueldo en caso de que el asesino fuera absuelto. No era algo que considerara seriamente. Sus pensamientos eran meras reflexiones en la oscuridad. Pero de todos modos él se sentía pésimo. Se preguntaba cómo podía ser cristiano y aún así tener semejantes pensamientos.

Quedó estupefacto cuando le mostré que sus deseos no eran tan inapropiados como él pensaba. Hay lugar para la venganza. Pero le pertenece a Dios y no a nosotros. El problema no era que Aaron deseara ver vengada la muerte de su hijo. El problema era que se sentía tentado a llevar a cabo el pago por él mismo.

El apóstol Pablo —el mismo hombre que escribió tan elocuentemente sobre la necesidad de perdonar a otros— no veía ninguna inconsistencia en sus propias oraciones acerca de que Dios le pagara a su enemigo Alejandro por el gran daño que le había hecho. En un pasaje escribió acerca de entregar a Alejando a Satanás, en tanto que en otro simplemente dijo: «El Señor le dará su merecido».[13] Y aún en otro instruyó: «No tomen venganza, hermanos míos, sino dejen el castigo en las manos de Dios, porque está escrito: "Mía es la venganza; yo pagaré", dice el Señor».[14]

En otras palabras, a veces está bien orar: «¡Ve por ellos!»

Pero si lo hacemos, debemos darle lugar a la gracia de Dios. Él es conocido por convertir a sus enemigos (y a los nuestros) en sus amigos (y en los nuestros). Y si él eligiera hacerlo, ¿quién podría quejarse? De eso se trata la gracia precisamente. Y forma parte de lo que significa dejar que Dios sea Dios.

La cuestión de la confianza

Hay aún otra área de confusión que es necesario abordar. ¿El perdón implica restaurar una relación rota a su estado original? ¿Significa que tenemos que confiar en la otra persona de nuevo? ¿Implica invitarla a nuestra próxima fiesta?

Algunas personas piensan que sí. Una vez que han sido perdonadas, esperan ser restauradas inmediatamente a una relación plena de completa confianza.

Pero ese no es el caso. La confianza, las relaciones cercanas y el perdón no necesariamente están conectados entre sí. En tanto que el perdón nos permite dejar de lado toda amargura y planes de venganza, no hace que alguien se vuelva digno de confianza ni convierte a esa persona en nuestra mejor amiga. La confianza debe ganarse. Las relaciones sociales cercanas constituyen un privilegio. No le debemos a nadie ninguna de las dos.

Recuerdo haber hablado con una mujer a la que llamaré Chelsea. Su marido había sido pescado en una aventura algunos años atrás. Ahora lo habían atrapado otra vez. Igual que en la primera ocasión, rogó ser perdonado y juró renovar el compromiso con su esposa y sus dos hijas.

Ella no le creyó.

Tampoco yo.

Pero ella se sentía culpable.

Yo no.

Eso, porque él nunca perteneció a mi círculo de confianza. Había demostrado ser un mentiroso y un farsante, así que basado en su historia pasada, yo no tenía razón para creerle. Nadie (ni siquiera aquel marido) pareció tener problemas con mi actitud. Comprendía mi vacilación en cuanto a confiar en él.

Sin embargo Chelsea, habiendo confiado una vez en su marido (y porque confundía perdonar con olvidar), sintió la presión de restaurar su confianza en él, aun cuando había demostrado ser un adúltero serial, indigno de confianza.

«Sé que debo perdonarlo», me dijo. «Por el bien de nuestros hijos, quiero darle una oportunidad más. Pero no pienso que jamás pueda volver a confiar plenamente en él. ¿Me perdonará Dios por eso?»

Le aseguré que no era ella la que necesitaba el perdón de Dios. El Señor no le estaba pidiendo que confiara en su marido otra vez. Le pedía que lo perdonara. Eso podría significar que siguiera con el matrimonio o no. Pero con toda certeza no implicaba que creyera en él cuando volviera a llamarla para decirle que iba a trabajar hasta tarde en la oficina o señalara que una compañera con la que flirteaba era «tan solo una amiga».

Basándonos en su historia pasada, eso no sería perdón. Sería credulidad.[15]

¿Cómo llegar a lograrlo?

Aun luego de desnudarlo de las leyendas y mitos urbanos que lo rodean, el perdón sigue siendo algo increíblemente difícil de llevar a cabo. No nos resulta fácil ni nos sale en forma natural. En última instancia, se trata de un acto sobrenatural para el que somos motivados y facultados desde adentro.

Pero hay algunas cosas que podemos hacer para cooperar con ese impulso interior que pone Dios, y así arrancar las malas hierbas de nuestra propia resistencia. He descubierto dos prácticas que resultan especialmente útiles.

La oración de permiso

Todos enfrentamos situaciones en las que sabemos lo que debemos hacer pero no deseamos hacerlo. La necesidad de perdonar puede ser una de esas situaciones. Cuanto mayor sea la herida o la injusticia, menos deseamos avanzar hacia el perdón. Porque nos parece que eso le permite a la gente que nos ha herido librarse de su culpa.

> *Cuando les extendemos nuestro perdón a aquellos que no tienen excusa —y por cosas que la mayor parte de la gente consideraría imperdonables— nos parecemos más a Jesús.*

Es en ese momento que me vuelvo a lo que llamo la oración de permiso. Es una oración que hago cuando no tengo deseos ni una motivación para hacer lo que sé que debo hacer. Se trata de una oración simple en la que le concedo a Dios el permiso para cambiar la manera en que me siento con respecto a una persona o situación. No le pido que me ayude a perdonar. Solía pedírselo, pero no he ido a ninguna parte con eso, y la razón es porque en primer lugar realmente no deseaba perdonar. Así que voy un paso más atrás y le doy permiso a Dios para que cambie lo que siento, y que eso me permita tener el deseo de perdonar.

La hermosura de esa oración es que me obliga a enfrentarme de lleno con la dureza de mi corazón y con mi resistencia inconsciente. Dejo de pelear. Una vez que lo hago, el resultado casi siempre es un rápido cambio en mi forma de pensar. Perdonar ya no me parece tan mala idea. Y una vez que ya no me parece una mala idea, no me resulta difícil hacerlo.[16]

Una caminata de pecados

La segunda herramienta que he usado para pasar por encima de ese montículo de la vacilación en cuanto a perdonar es lo que llamo hacer una caminata de pecados. No, no me refiero a andar en locuras. Me refiero literalmente a una caminata por el vecindario o por la playa durante la que hago lo posible por recordar todos aquellos pecados míos que puedo traer a la memoria. Y me refiero a *todos*. Intento remontarme hasta la primera masita que hurté del frasco de galletas de mamá.

Siempre constituye un ejercicio que me abre los ojos. Generalmente pone de manifiesto que mi «justa ira» no es tan justa después de todo. Resulta humillante. Renueva mi asombro y gratitud por la increíble gracia y perdón que he recibido. Hace que ponerme en el papel de un siervo no dispuesto a perdonar parezca ridículo. También suele hacer que algunos escalofríos me recorran la espalda y broten lágrimas de mis ojos.

Volvernos como Jesús

Perdonar es una gran cosa. No solo cuando se refiere a aquellos que nos han hecho algunas pequeñas cosas que nos pusieron frenéticos, sino también cuando tiene que ver con aquellos que son responsables de cosas más grandes, como en el caso del marido infiel de Chelsea o del asesino del hijo de Aaron, y de muchos otros que han ocasionado un daño real y destrucción en nuestras vidas.

Cuando les extendemos nuestro perdón a aquellos que no tienen excusa –y por cosas que la mayor parte de la gente consideraría imperdonables– nos parecemos más a Jesús. Recordemos que él murió por pecados que nunca cometió, para perdonar a gente que no tenía derecho a ser perdonada.

Tal vez sea por eso que para él resulta tan importante que nosotros aprendamos a perdonar como hemos sido perdonados.

¿PERDONAR SIGNIFICA OLVIDAR?

—¡He pecado contra el Señor! —reconoció David ante Natán.
—El Señor ha perdonado ya tu pecado, y no morirás —contestó Natán—.
Sin embargo, tu hijo sí morirá, pues con tus acciones has ofendido al Señor.

2 SAMUEL 12:13-14

…que se toleren unos a otros y se perdonen si alguno tiene queja contra otro. Así como el Señor los perdonó, perdonen también ustedes.

COLOSENSES 3:13

3 UN HOGAR PIADOSO GARANTIZA TENER HIJOS PIADOSOS

Don y Sharon detestan que sus amigos cristianos muestren fotografías e intercambien historias con respecto a sus hijos y nietos. Nunca saben qué decir ni cómo reaccionar.

Aunque uno de sus hijos está bien encaminado (es un ciudadano modelo, tiene un excelente trabajo, un matrimonio sólido y camina en una relación firme con Dios) los otros dos son un desastre. Uno está en la cárcel. El otro casi llega a los cuarenta pero todavía no se ha encontrado a sí mismo. Ha pasado por quince empleos y tres matrimonios. Y lo que resulta más descorazonador todavía, ha desarrollado un desprecio por las cosas espirituales y una adicción a los bebidas fuertes. No hace ningún esfuerzo por mantenerse en contacto con sus padres, a menos que, por supuesto, necesite algo. Generalmente dinero.

Sus dos hijos pródigos les han provocado a Don y Sharon mucho dolor en el corazón. Una pena que eclipsa por lejos el gozo y el orgullo que su «buen» hijo les produce. Eso los lleva a debatirse en medio de todo tipo de emociones: ira, frustración, bochorno y vergüenza.

Pero por sobre todo, sienten culpa, mucha culpa.

Visualizan a sus dos hijos descarriados como la prueba irrefutable de que han fracasado como padres cristianos. En su comprensión, la inhabilidad que mostraron para refrenar la conducta antisocial del más joven, o para inculcarle algún sentido de dirección y de límites al mayor, constituye una prueba certera de que han sido pésimos padres. La mayoría de sus amigos están de acuerdo con eso. Aunque no lo dicen en voz alta. No hace falta.

En contraste, mis amigos Mike y Rhonda no sienten culpa con respecto al desenfreno de su hija. En realidad son bastante optimistas, y tienen confianza en que ella un día volverá a Dios y a los valores en los que fue criada.

La confianza de ellos proviene del hecho de haber sido ejemplos de una fe sincera y genuina. La llevaron a la iglesia y a la escuela dominical todas las semanas. Le proveyeron una educación sólida, fundamentada en la fe. Aun durante sus años de adolescencia, continuaron proporcionándole una sana orientación espiritual (sin sofocarla), para asegurarse de que anduviera con los amigos adecuados, realizara las actividades correctas y estuviese dentro de un grupo de pares. Resumiendo, hicieron todo lo que pudieron para proveerle una crianza piadosa y centrada en Cristo.

Pero, lamentablemente, cuando salio de la casa para asistir a la universidad, las cosas comenzaron a enredarse. Cuando estaba finalizando el que debió haber sido su último año, ella renegó de su fe, abandonó la universidad y se fue a vivir con su novio.

Ahora, años después, no es mucho lo que ha cambiado. Todavía no pisa ni el umbral de la puerta de una iglesia, tampoco se ha casado con su novio. Sin embargo, Mike y Rhonda no sienten la misma angustia y vergüenza que Don y Sharon. Por supuesto que están decepcionados. Pero saben que tarde o temprano su hija entrará en razones y volverá a Dios.

Ellos se apoyan en la promesa de Dios acerca de que los hijos criados de la manera debida en un hogar bueno y piadoso no pueden mantenerse alejados para siempre. En algún momento vuelven a casa. No pueden evitarlo. Dios los trae de regreso. Él lo prometió.

Ambas parejas están compuestas por cristianos firmes. Sin embargo, la reacción ante el extravío de sus hijos se da de un modo completamente distinto en unos y en otros. Don y Sharon se muestran agobiados por la culpa. Mike y Rhonda están llenos de esperanza.

¿Qué pasa?

Lo que sorprende es que las emociones de las dos parejas, por completo diferentes, se basen en una misma suposición central: la creencia de que un hogar bueno y piadoso garantiza tener hijos buenos y piadosos. Don y Sharon interpretan este concepto asumiendo que su hogar fue mucho más desastroso de lo que ellos habían pensado. Mike y Rhonda creen que esto significa que su hija tiene que volver a la fe algún día.

Es probable que en el corto plazo, Mike y Rhonda lo pasen mejor. Por lo menos tienen algo que esperar. Pero a la larga, ambas parejas se dirigen hacia un callejón sin salida. Ambas han comprado la misma leyenda urbana: la creencia de que un hogar piadoso garantiza hijos piadosos. Es un mentira y toda mentira (hasta aquellas que gozan de una credibilidad general y producen un consuelo temporal) con el tiempo acaba siendo un castillo de naipes, destinado a colapsar bajo el peso del tiempo, la verdad y la realidad.

¿De dónde sacamos esa idea?

Al igual que muchas otras leyendas urbanas, la idea de que un hogar piadoso garantiza hijos piadosos tiene como fuente un versículo bíblico muy conocido, pero muy mal comprendido. En este caso es Proverbios 22:6. «Instruye al niño en el camino correcto, y aun en su vejez no lo abandonará».

La mayor parte de la gente parece pensar que este versículo promete que un niño criado *correctamente* volverá al Señor *con el tiempo*.

Pero no es eso lo que promete, ni lo que dice.

Los proverbios no son promesas

Para comenzar, Proverbios 22:6 no es una promesa. Es un proverbio. Las promesas son absolutas, en especial las de Dios. Cuando él hace una promesa, eso es un trato cerrado. Puedes presentarlo al banco. Pero un proverbio es algo diferente. Se trata de una observación acerca de la manera en que generalmente funciona la vida. Nos dice lo que suele suceder, y no lo que siempre sucederá.

El libro de los Proverbios ha sido llamado Proverbios por una buena razón. Está compuesto por observaciones de la vida dadas por Dios. Pero esas observaciones distan de ser universales. A los justos no se los honra siempre. Los malvados a veces alcanzan el éxito. Los diligentes pueden perderlo todo, y los perezosos de repente se hacen ricos.

Lo mismo se aplica a las palabras de aliento que da Salomón acerca de los niños que son criados adecuadamente. Es un proverbio, no una promesa. No muchos se van a apartar de sus raíces espirituales. Pero algunos sí.

Por eso la vergüenza y la culpa de Don y Sharon son por completo injustificadas. Sus descendientes descarriados no constituyen una prueba de que han fracasado como padres, así como tampoco la muerte anticipada de un joven cristiano es una prueba de que debió haber estado viviendo una vida secreta de maldad.

Don y Sharon pueden haber sido desastrosos como padres. O pueden haber sido padres excelentes. Las elecciones y el estilo de vida de sus hijos adultos no nos proveen evidencias concluyentes en ninguno de los dos sentidos. Más adelante sus hijos tendrán que responder ante Dios por sus propias elecciones. Mientras que a Don y a Sharon se les pedirán cuentas sobre la manera en que criaron a sus hijos, no sobre cómo resultaron finalmente.

¿Cómo fue que el «no lo abandonará» se convirtió en el «regresará»?

La confianza de Mike y Rhonda en cuanto a que su hija un día volverá al Señor es igualmente injustificada. No se basa en nada que Dios haya dicho o prometido. No está sustentada en nada que aparezca en la Biblia. Y con certeza no se fundamenta en lo que podamos encontrar en Proverbios 22:6.

Consideremos el versículo cuidadosamente y veamos si ustedes no están de acuerdo conmigo.

Comienza con la frase «Instruye al niño en el camino correcto». A simple vista, parece algo muy sencillo. Pero los eruditos bíblicos están en desacuerdo con respecto al tipo de instrucción a la que se refiere. Algunos lo entienden como una referencia a instruir en los caminos de la justicia. Otros declaran que esa frase en hebreo se interpreta mejor como refiriéndose a la instrucción que está en línea con las características únicas de la personalidad y dones de cada niño.

> *La mayor parte de la gente parece pensar que Proverbios 22:6 promete que un niño criado correctamente volverá al Señor con el tiempo. Pero no es eso lo que promete, ni lo que dice.*

En el largo plazo, no estoy seguro de que tenga importancia. Ambos conceptos son importantes y encuentran apoyo en otras partes de las Escrituras. Los padres cristianos deben enseñar a sus hijos en el camino de la justicia *y* hacerlo de la manera que mejor se adecue a las características únicas de la personalidad y dones que tenga el niño.[1]

Pero la siguiente frase es la que hemos destrozado y retorcido hasta dejarla irreconocible. Lo que dice es: «y aun en su vejez no lo abandonará».

Por más que lo intento, no puedo encontrar nada que garantice un *regreso* al Señor, en especial un regreso que venga luego de una temporada de rebelión.

¿Pueden ustedes?

La forma en que esto transmutó para convertirse en una promesa acerca de que alguien rebelde criado en un hogar cristiano volverá a Dios está más allá de lo que puedo comprender. Entiendo las razones por las que deseamos que lo dijera. Pero no lo dice. De hecho, dice lo contrario. ¡Dice que en primer lugar no se va a ir!

La diferencia es inmensa.

Recordemos que se trata de un proverbio y no de una promesa. Así que no dice que un hijo criado debidamente nunca se vaya a rebelar. Simplemente dice que es improbable que lo haga. En el caso de aquellos que se alejaron del Señor, tanto este pasaje como el resto de la Biblia guardan silencio en lo que se refiere a sus posibilidades de retorno. Aun la parábola del hijo pródigo no dice nada acerca de las probabilidades de que un rebelde regrese; simplemente cuenta la historia del regreso de un joven y la reacción de su padre.[2]

Es por eso que la confianza de Mike y Rhonda resulta tan desafortunada. Sin intención de hacerlo, le han dado al enemigo un punto de apoyo desde el cual atacar su fe. Se han colocado en una posición que los llevará a enojarse con Dios si su hija nunca regresa, aunque él jamás les prometió que ella lo haría.

Por qué constituye este un mito tan devastador

El mito de que un hogar piadoso garantiza hijos piadosos (y adultos piadosos) no es solo falso. Y no se trata apenas de una expresión de deseo. Resulta algo espiritualmente peligroso. Si lo creemos, nos volveremos vulnerables a una de dos cosas que nunca formaron parte del plan de Dios: una culpa injustificada o un orgullo estúpido.

Culpa injustificada

Ya hemos visto que este mito puede cargar a los padres de hijos pródigos adultos (como en el caso de Don y Sharon) con una culpa que no se merecen. Pero no son ellos los únicos que resultan heridos. También les causa sufrimientos y una enorme e innecesaria carga de culpa a los padres de los niños hiperactivos, discapacitados (que necesitan ser enseñados), con problemas emocionales, caprichosos, o sencillamente incorregibles.

Ustedes habrán visto en el mercado, o tal vez en el patio de la iglesia, a un padre o a una madre luchando con la conducta fuera de control de un niño revoltoso.

¿Cuál es la primera reacción que la mayoría de nosotros tenemos? Es frecuente que juzguemos duramente a los padres y no al niño. Seguramente nos decimos: *¡Qué mocoso!* Pero también solemos preguntarnos qué clase de paternidad y que tipo de hogar ha llegado a producir un pequeño tirano de esa calaña.

El síndrome de Tourette, un Asperger's, un desorden de hiperactividad y deficiencia de atención, o un simple caso de tozudez pueden hacer que el mejor de los hogares parezca necesitar desesperadamente una visita de los Servicios de Protección al Niño.

Un grupo que puede resultar particularmente golpeado por este mito es el de los padres adoptivos. Se trata de una representación triste que he visto poner en escena una y otra vez.

Realizando un increíble acto de amor, sacrificio y gracia, una pareja alarga la mano para recibir a un niño no deseado o abandonado, con la esperanza de no solo proveerle un buen hogar y un fundamento espiritual, sino también de hacer de él un buen ciudadano.

Muchos tienen éxito. Pero para aquellos que no lo logran, el sufrimiento emocional y la culpa pueden resultar atroces, en especial si ellos o su círculo de amigos han comprado la idea de que un hogar bueno y piadoso *siempre* triunfa sobre un acervo genético sospechoso y sobre las elecciones tontas de un rebelde.

Seamos sinceros: cuando un hijo o una hija adoptiva proveniente de padres genéticamente desastrosos, comienza a exhibir las mismas luchas mentales o los mismos patrones destructivos que acosaron a alguno de sus padres biológicos, la culpa podría colocarse tanto en la genética como en la vida de hogar. Porque en el caso de cada uno de nosotros (adoptivos o no) hay un límite a lo que puede hacer un hogar piadoso para contrarrestar las inclinaciones emocionales o físicas heredadas.

Aunque la mala comprensión de Proverbios 22:6 sea quizá la principal causa de culpa injustificada entre los padres cristianos, no es ella la única. También lo es la sutil y persistente influencia de un hombre llamado B. F. Skinner.

Skinner fue un influyente psicólogo del siglo veinte. Él creía que los niños nacían como páginas en blanco, y que se los podía moldear y darles forma en cualquier sentido, en tanto que usáramos las recompensas y los estímulos indicados. Su impacto sobre las ciencias sociales, la educación, las políticas de gobierno y los conceptos acerca de la crianza de los hijos ha sido enorme. A pesar de que sus teorías cayeron en desgracia con el tiempo, todavía ejercen una significativa influencia residual sobre nuestras nociones modernas de paternidad.

Irónicamente, muchos líderes cristianos que descalificaron el ateísmo de Skinner, sin darse cuenta abogaron por modelos de paternidad que reflejaban sus teorías de modificación conductual más que reflejar cualquiera de las cosas que encontremos en la Biblia.

Esos modelos son fáciles de reconocer. Casi siempre nos llegan envasados dentro de un conjunto de reglas extra bíblicas (aunque supuestamente están basadas en la Biblia) y conforman una receta única que se aplica a todos, tanto en cuanto a la paternidad, como a la educación y a la instrucción moral. Generalmente esas reglas se sustentan a través de una larga lista de versículos bíblicos sacados de contexto y acompañados de advertencias amenazantes hacia aquel que se atreva a desviarse del patrón prescripto.

> *Todo hijo e hija de Adán ha nacido con una naturaleza pecaminosa. A veces esta toma el control. Cuando sucede eso, no es culpa de los demás, ni siquiera de mamá o de papá.*

Pero la Biblia nos enseña algo muy diferente de la teoría de la hoja en blanco de Skinner y de sus recetas simplistas para la paternidad. En tanto señala que tenemos una gran influencia y que se nos considerará responsables por la *manera* en que criamos a nuestros hijos, también deja en claro que ninguno de nosotros se puede escudar detrás de su crianza o del entorno en que le tocó vivir para usarlos como excusa de sus decisiones erradas o comportamientos necios.

Con la ayuda de Dios, todos tenemos la capacidad de superar las situaciones adversas. Por eso se nos considera personalmente responsables de nuestras acciones. Cuando el asunto se dispara mal, no podemos echarle la culpa a otros factores. (Bueno, podemos, y lo hacemos. Pero se rumorea que Dios no se deja influir por nuestras excusas).

Todo hijo e hija de Adán ha nacido con una naturaleza pecaminosa. Estamos atados por nuestra propensión a una conducta pecaminosa y egocéntrica. No es algo que podamos eliminar a través de un medio ambiente cuidadosamente controlado, y ni siquiera por las oraciones y piedad de nuestros padres cristianos. La naturaleza pecaminosa no es un mero concepto teológico. Constituye un peligro presente y real.

A veces esta toma el control.

Cuando sucede eso, no es culpa de los demás. Ni siquiera de mamá o de papá.[3]

Orgullo estúpido

La otra cara de la moneda de la culpa injustificada es el orgullo estúpido. He descubierto que resulta bastante frecuente en particular entre aquellos que han creído en el mito de que los hogares buenos y piadosos siempre producen hijos buenos y piadosos y han tenido hijos que son por naturaleza obedientes, de buen carácter, o dotados desde lo académico.

No es difícil comprender por qué nos gusta asumir el mérito. Cuando algo sale bien, todos preferimos pensar que tuvimos algo que ver con ello. Si se nos ha dicho que los hijos buenos y piadosos son el resultado de hogares buenos y piadosos, ¿entonces por qué no palmearnos en la espalda por ese trabajo bien realizado?

Pienso en mi amigo Mitch. Fue criado en un hogar horrendo y constituye una prueba de la gracia de Dios. No solo recibió la salvación, sino que fue llamado al ministerio.

Está casado y tiene dos hijos, y siempre ha hecho de su familia la prioridad principal. Se determinó a no cometer los mismos errores que sus pésimos padres habían cometido. Y deseaba asegurarse de que los demás tampoco los cometieran. Así que buscaba la manera de introducir algo acerca de los valores familiares en prácticamente todo sermón que predicara. Yo podría jurar que era capaz de encontrar un principio que se adaptara a la vida familiar en cualquier texto que se le mencionara.

También vivía lo que predicaba. Su familia, perfecta como una postal, le daba un tinte de credibilidad entre sus feligreses y le producía una enorme confianza en sus propias teorías y habilidad paternal.

Y sí, una cosa más. En nuestras conversaciones en privado, él tendía a ser muy despiadado con respecto a nuestros amigos cuyos hijos no habían salido tan bien. No comprendía por qué ellos no podían hacer lo que él hacía y por que no seguían al pie de la letra la misma receta que él había encontrado en la Biblia y en una carpeta roja y grande que había comprado en una conferencia años atrás.

Y entonces sucedió aquello: un pequeño error junto al lago, una sorpresa de vacaciones. De pronto, cuando Mitch estaba entrando a los cuarenta, él y su esposa descubrieron que sus años de paternidad no habían terminado. Un hijo venía en camino.

Al principio estaban fascinados. Digamos que algo así como fascinados. Bueno, admitámoslo, quedaron estupefactos.

Ahora, diecisiete años después, todavía se están recuperando. Pero la sacudida ya no es por el nacimiento de su hijo; se debe a la total falta de respuesta de él a los mismos métodos, estructuras y herramientas de paternidad que habían funcionado tan bien con los otros dos.

El hijo de Mitch no ha negado la fe (todavía). Pero ha resultado difícil acceder a él desde el mismo comienzo. Desde cuando era bebé. Siempre que hubiera ocasión de mostrar un berrinche, él lo hacía. Hoy en día, cuando hay un límite que cruzar, él lo cruza. No tengo dudas de que ama a sus padres y desea agradarlos. Pero por alguna razón nunca ha logrado entender sus valores y sus reglas.

El jurado aún no ha dado su veredicto. Los dados aun no se han lanzado. Pero a esta altura, Mitch y su esposa evidentemente están preocupados.

Al mirar hacia atrás, Mitch no puede creer lo desdeñoso que solía ser con aquellos que estaban en la lucha con sus niños y adolescentes difíciles de controlar. Aprendió por la vía más difícil lo necio que había sido su orgullo anterior. Ha llegado a comprender que la personalidad cálida, el corazón vuelto hacia Dios y los rasgos positivos de carácter de sus dos primeros hijos no se pueden considerar como resultado de su trabajo personal, tal como una vez lo creyó.

No necesito decir que Mitch ha cambiado de parecer. El giro en el tono de sus sermones es notable. Me recuerda los cambios en mis propios mensajes a través de los años. Estoy muy agradecido de que hoy mis hijos adultos caminen con Dios. Pero con el nacimiento de cada uno de ellos me iba dando cuenta con una claridad cada vez mayor de lo poco que sabía y de lo difícil que es la tarea de la paternidad.

Antes de que Nancy yo tuviéramos nuestros propios hijos, habría titulado un sermón referido a la crianza de esta manera: «Diez reglas para criar hijos piadosos». Pero luego, nacimiento tras nacimiento, el título fue cambiando. La progresión ha sido algo así:

- «Diez reglas para criar hijos piadosos».
- «Diez pautas para criar buenos hijos».
- «Cinco principios para criar a los hijos».
- «Tres sugerencias para sobrevivir a la paternidad».

Si ustedes son padres, seguro que se sentirán identificados. Pero no es el agregado de uno o dos hijos (o una sorpresa como el menor de los de Mitch) lo que nos humilla y da por tierra con nuestro orgullo anterior. En la mayoría de los casos, la necedad de nuestro orgullo no queda expuesta hasta que nuestros hijos alcanzan la adultez.

¿Han notado que muchos de los rasgos que dan lugar a un orgullo (que los lleva a autofelicitarse) en los padres de hijos de una naturaleza obediente no resultan tan buenos cuando esos niños se transforman en adultos? ¿O que algunos de los rasgos que menospreciamos en un niño pequeño se convierten en admirables más adelante en su vida?

A la testarudez de un niño de tres años se la llama fuerza de carácter y convicción en alguien de treinta tres. El muy elogiado pensamiento innovador de un empresario probablemente se haya gestado a partir de un niño de jardín de infantes que se metía en problemas por rehusarse a colorear dentro de las líneas indicadas. Los payasos de la clase en algunas ocasiones se convierten en eternos holgazanes, pero también pueden llegar a ser los que animan todas las fiestas o los líderes a los que todos quieren seguir. Y ese niño de siete años que no puede permanecer sentado durante más de treinta segundos encaja perfectamente dentro del perfil del ejecutivo multifunción, dinámico y enérgico que acaba de contratar a nuestro hijo obediente para que sea el gerente de su oficina.

En resumen: los niños no son un montoncito de arcilla húmeda sin cerebro. Los productos creados por un alfarero bien pueden reflejar su habilidad como artesano. Pero los logros y los pecados de nuestros hijos no reflejan más nuestra habilidad paternal o nuestra falta de piedad que lo que una cosecha refleja la habilidad o falta de piedad de un granjero cristiano. Existen demasiadas otras variables que entran en juego. Todo lo que nosotros podemos es hacer las cosas lo mejor que sabemos. El resultado final, en última instancia, no está al alcance de nuestras manos.[4]

Una lección tomada del Jardín del Edén

La Biblia incluye una historia que debería cortarle las patas de una vez por todas al mito de que un medio ambiente piadoso garantiza hijos piadosos. Pero me temo que con frecuencia la hemos pasado por alto. Sin embargo es una de las lecciones más importantes que se pueden sacar de lo sucedido en el Jardín del Edén.

Estamos frente a nada menos que un medio ambiente perfecto, a una paternidad perfecta (si es que recordamos las instrucciones que Dios les dio a Adán y Eva sobre la paternidad), y a la completa ausencia de una naturaleza pecaminosa. Sin embargo, todos sabemos lo que sucedió. Las cosas no salieron bien. Adán y Eva desobedecieron, y todavía nos siguen afectando también a nosotros las consecuencias de su rebelión.[5]

Aunque más no sea, la caída de Adán y Eva debería llevarnos a dejar de lado la idea de que el medio ambiente controla los resultados. Si tuvo lugar una rebelión allí, puede suceder en cualquier lugar, aun en el mejor de los hogares cristianos.

¿Qué es lo que le pasó al mal?

También me temo que de algún modo hemos perdido de vista la simple verdad de que algunas personas (y algunos niños) son incorregibles. ¿Han notado que ya no parece haber tal cosa como un «mal» niño? Son solo víctimas: niños cuya conducta es causada por la mala educación, la falta de oportunidades, la pobreza, una perturbación emocional, una familia disfuncional, o alguna otra cosa, algo más que no sea ellos mismos.

Si se trata de un malísimo boletín de calificaciones, con notas bajas (aun peores en conducta), eso ya no es razón para que el niño sea regañado. Ahora esas cosas hacen surgir una cuestión referida a los padres: ¿Cuál es el acervo genético o el medio ambiente familiar?

Todo es culpa de los demás.

La paternidad sigue teniendo importancia

Nada de todo lo dicho significa que los padres no tengan responsabilidad en cuanto a la forma en la que crían a sus hijos. O que no importe la manera en que ejerzamos la paternidad. Sí importa.

El Antiguo Testamento le da un lugar prioritario al ejercicio de una paternidad piadosa. Hay una historia que resume su importancia. Un sumo sacerdote muy honorable, de nombre Elí, se sacó de encima la responsabilidad y ni siquiera hizo el intento por refrenar el pecado de sus dos hijos. Como resultado, Dios no solo hizo caer muertos a sus dos hijos, sino que también le quitó a él la vida y su legado. Y se aseguró de que eso quedara registrado con fidelidad como una advertencia para todos nosotros.[6]

El Nuevo Testamento también deja en claro que pasar la antorcha espiritual debe ser una de las principales preocupaciones de todo padre cristiano. Nada habla más a favor de ello que aquel requisito que menciona que los que ocupan el liderazgo en la iglesia deben primero mantener en orden su casa y también tener hijos creyentes.[7]

Eso parece indicar claramente que ante los ojos de Dios nuestra vida hogareña es más importante que cualquier otro ministerio que podamos desarrollar. La crianza de los hijos y el hacerlo bien constituye una de las principales prioridades espirituales.

Pero al mismo tiempo, notemos que la no permisión de liderar a aquellos cuyos hijos no son creyentes no constituye una censura para aquellos de nosotros que tenemos luchas en casa. Simplemente es una declaración acerca de que si las cosas no están en regla con respecto a nuestros hijos, necesitamos concentrarnos en poner nuestra familia en orden antes de encarar la difícil tarea de conducir la familia de Dios. Si consideramos esta prohibición de las Escrituras (referida a que el padre de un hijo impío no asuma un liderazgo público) como una censura al padre, eso nos llevaría a entender el siguiente versículo, que prohíbe colocar a los nuevos creyentes en puestos de liderazgo, como una censura a los nuevos cristianos: un absurdo total.[8]

La crianza de los hijos es una tarea difícil. Aconsejar es fácil. También criticar. Pero para aquellos de nosotros que estamos en medio de la batalla, las cosas no son tan simples. Lo que parece fácil en un seminario o en un estudio bíblico, en general resulta tener muchos matices más en la vida real.

> *La crianza de los hijos es una tarea difícil. Aconsejar es fácil. También criticar. Pero para aquellos de nosotros que estamos en medio de la batalla, las cosas no son tan simples.*

Lo que nos lleva al sencillo consejo de mantener a calma y nunca disciplinar a los hijos estando airados. Suena bien. Tiene sentido. Pero, yo por mi parte, nunca pude descubrir la manera en que uno se puede deshacer de la ira. ¿Qué se suponía que hiciera? ¿Esperar a que todos en casa estuviéramos pasando un rato agradable y entonces, *¡bam!*?

En lugar de pavonearnos en nuestro orgullo, emitir duros juicios, o sumirnos en la autocompasión o en una culpa injustificada, lo que necesitamos es simplemente desechar el mito que produce esas desagradables respuestas y vivir a la luz de la verdad. Como padres, tenemos una responsabilidad sagrada que se relaciona con la manera en que criamos a nuestros hijos. Pero no tenemos el control final sobre la forma en que ellos acaban siendo.

Debemos admitir que existen muchos padres cristianos que tienen buenas razones para sentirse culpables. La hipocresía, los estallidos de ira, la falta de atención (o su contra cara, el exceso de control), los malos matrimonios y los hogares destruidos son harto frecuentes. El precio que se paga en cada caso siempre es alto.

Pero cuando los padres piadosos hacen lo mejor que les es posible y a pesar de todo fracasan en lograr los resultados que esperan, deben hacer una pausa y no dejarse llevar por la «culpa». Y cuando las cosas van bien, lo que necesitamos es cultivar mucho más la gratitud y mucho menos el orgullo.[9]

Así que, si somos padres, hagamos nuestro mejor esfuerzo, y luego vayámonos a dormir la siesta.

Y si ya hemos realizado nuestro mejor esfuerzo, tomémonos una larga siesta. Lo merecemos

¿UN HOGAR PIADOSO GARANTIZA HIJOS PIADOSOS?

Instruye al niño en el camino correcto, y aun en su vejez no lo abandonará.

PROVERBIOS 22:6

Todo el que peque, merece la muerte, pero ningún hijo cargará con la culpa de su padre, ni ningún padre con la del hijo: al justo se le pagará con justicia y al malvado se le pagará con maldad.

EZEQUIEL 18:20

4 DIOS TIENE UN PLAN DETALLADO PARA MI VIDA

¿Han notado que a la hora de tomar una decisión importante, la mayoría de nosotros experimenta un interés más intenso por descubrir la voluntad de Dios? No es que no nos importe durante el resto del tiempo. Pero cuando tenemos que hacer una elección en cuanto a una oportunidad de trabajo, seleccionar una universidad, determinar del futuro de una relación romántica, o decidir dónde vivir, no queremos echar las cosas a perder. Así que buscamos a Dios con un fervor redoblado. Oramos, preguntamos cuál es su voluntad, la buscamos. Todo con la esperanza de que pronto se nos haga claro lo que Dios desea que hagamos.

Algunos de nosotros buscamos las señales, coincidencias divinas y puertas abiertas que supuestamente indican una guía de parte de Dios. Otros miran hacia lo profundo de su interior, buscando una perspectiva divina o una sensación de paz que les muestre el camino. Y aun hay otros que juegan a la ruleta con la Biblia, pasando las páginas hasta encontrar un pasaje que parezca hablarles directamente en medio de la situación en la que están. Algunos nos especializamos en la cuestión de investigar y obtener un consejo sabio, o al menos el parecer de unos pocos amigos. Casi todos oramos un poco más. *Señor, por favor, muéstrame tu voluntad.*

Al considerar las formas en que tratamos de determinar cuál es la voluntad de Dios, me he convencido de que la mayoría de nosotros suponemos que la voluntad de Dios es importante *y* difícil de conocer.

La consideramos *importante* por razones obvias. Cada vez que Dios tiene algún plan o alguna preferencia en mente, solo un tonto la ignoraría. Y alguien todavía más tonto la desafiaría. Como lo hizo Jonás.[1] Y descubrió que desafiarla no había sido una buena opción. Yo también lo descubrí. Y apuesto a que a ustedes les sucedió lo mismo.

Y en cuanto a que la voluntad de Dios es *difícil de conocer*, es así porque… bien… simplemente es así.

¿O no?

Lo que hace surgir en nosotros una pregunta perturbadora: Si la voluntad de Dios es tan importante, ¿por qué resulta tan difícil descubrirla?

Lo que sorprende de la respuesta es que no resulta difícil de descubrir. La mayor parte de la voluntad de Dios ha sido expresada en tinta y papel. No está oculta. No se trata de una búsqueda cósmica del huevo de Pascua para ver quién lo encuentra y quién se queda con la cesta vacía.

Pero, desafortunadamente, esa es la manera en que muchos de nosotros nos sentimos. En nuestra experiencia, aunque la busquemos denodadamente, siempre acabamos con la cesta vacía.

Les daré las razones. La mayoría de las veces buscamos mal.

> *No se trata de una búsqueda cósmica del huevo de Pascua para ver quién lo encuentra y quién se queda con la cesta vacía. Pero, desafortunadamente, esa es la manera en que muchos de nosotros nos sentimos.*

Somos como algunos niños pequeños que piensan erróneamente que los huevos de Pascua son cuadrados y vienen envueltos en papel a lunares. Por eso pasamos junto a aquello que deseamos encontrar buscando algo que nunca hallaremos.

El problema surge a partir de un concepto que a muchos de nosotros nos han enseñado desde que nacimos. Se nos ha llevado a creer que Dios tiene un proyecto muy detallado para nuestra vida, lo que incluye, de manera específica y predeterminada, un empleo, una carrera, una casa, un cónyuge, un automóvil, y todas las otras cosas que entran en el medio.

Como resultado, pasamos mucho tiempo buscando esa persona, ese lugar o esa cosa especial que creemos que Dios está guardando para nosotros. Es el huevo de nuestra búsqueda.

Pero ese huevo no existe. La idea de un plano detallado para nuestra vida es un mito. Confunde la omnisciencia de Dios con su divina voluntad. Sin duda Dios lo sabe todo, hasta el número de cabellos que hay en nuestra cabeza. Pero eso no significa que él tenga un plan para los cabellos que tenemos, o que seamos rebeldes si intentamos reemplazar algunos de los que hemos perdido.

El hecho es que Dios no tiene un plan de acción específico para nuestra vida. Nunca lo ha tenido. Nunca lo tendrá. Sin embargo, lo que sí tiene es una estrategia para nuestra vida. Y la diferencia es importante.

Planos

Consideremos la forma en que funciona un proyecto arquitectónico. Contiene una serie de instrucciones específicas que han sido redactadas en gran detalle. Es tan específico, que cualquiera que tenga la capacidad de hacer una lectura de ese conjunto de planos y llevarlos a cabo puede construir exactamente lo que el arquitecto tuvo en mente.

Pero imaginemos lo que sucedería si un constructor no estuviera de acuerdo con el diseño del arquitecto e ignorara las partes del proyecto que no le gustan o que no comprende. Muy pronto tendría un problema mayúsculo entre manos. Además de soportar la ira del arquitecto, tendría que enfrentarse con la cólera del inspector de la construcción. Y lo que es peor, llegado el momento, tendría que hacerse cargo del costo de restaurar todo a lo que el plano original indicaba.

Uno no se entromete con los planos. Uno los sigue.

Para muchos de nosotros esta es la metáfora que describe la voluntad de Dios.

Estrategias

Una estrategia es algo muy diferente. Más que señalarlo todo en detalle, establece pautas y principios generales, es flexible, y permite mucha libertad para hacer reajustes mientras se va desarrollando.

Tomemos como ejemplo un partido de fútbol. Durante el transcurso de cada jugada se van realizando ajustes. Lo que comienza como un patrón determinado, termina como algo totalmente distinto si los delanteros están muy marcados o si surgen complicaciones en el medio campo. Ningún zaguero le arrojará la pelota a un delantero que no esté libre para recibirla simplemente porque esa era originalmente la jugada que se había planeado (a menos que quiera que lo manden al banco). En lugar de eso elige enviar el balón a otro jugador y encara de un modo diferente su jugada.

Ahora bien, eso no significa que sea un caso de «Hazlo como quieras». Un jugador no puede elegir hacer lo que le dé la gana ni quebrantar las reglas. No hará nada que no esté permitido. Pero dentro de las reglas del juego, tiene una cantidad de opciones. Si el plan A se viene abajo, se espera que intente alguna otra cosa que ayude a ganar el partido.

No es así cuando lo que se tiene es un proyecto. Este no cuenta con un plan B. Si el plan A se desbarranca, todo se desbarranca. Y tiene que volver a rediseñarse.

¿Están seguros de que lo que queremos es un plan detallado?

Descubro que hay muchas personas que no se sienten confortables con el pensamiento de que Dios puede no tener un proyecto para cada aspecto de sus vidas. Esa idea está tan arraigada en ellos que se ha convertido en una gran fuente de seguridad con la que se sienten cómodos. Pero pensemos en el asunto por un momento. ¿Realmente deseamos contar con un plan detallado para nuestra vida?

Imaginemos lo que sucedería si la voluntad de Dios para nuestras vidas fuera en realidad como un plano que detallara hasta el espacio de estacionamiento que él ha preparado para nosotros durante la avalancha de gente que se produce un día feriado en un centro de compras.

¿Qué sucede cuando, en este mundo caído, otros individuos deciden ignorar los proyectos de Dios para sus vidas? Para ellos no estaría mal ocupar nuestro espacio de estacionamiento. ¿Y qué si decidieran comprar la casa que Dios ha elegido para nosotros? ¿O copiarse en un examen de ingreso y lograr la última vacante de la universidad a la que se supone que nosotros deberíamos ir?

¡Ah, no!, decimos. Eso no puede suceder. Dios lo sabe todo y se adelantaría a detenerlo.

¿Realmente? Si fuera así, ¿no sería el libre albedrío de los seres humanos simplemente una farsa?

¿Y qué sucedería si, en un momento de rebelión espiritual, José Cristiano se pusiera de novio y se casara con una mujer equivocada? Si Dios no lo permitiera, entonces nosotros seríamos poco más que marionetas colgando de un hilo. Pero si él lo permite, José podría estar poniendo a todo el mundo en un aprieto.

Esto es lo que quiero decir. La pobre chica con la que se suponía que José se casara estaría en un atolladero, ya que su proyecto habría quedado arruinado para siempre. Lo mismo le sucedería al muchacho que originalmente debía casarse con la nueva esposa de José. A menos que ellos dos permanecieran solteros o que se casaran el uno con el otro, José podría haber dado comienzo a una reacción en cadena que a la larga embrollara los matrimonios a través de todo el mundo (lo que también explicaría un montón de cosas).

Eso no quiere decir que Dios *nunca* tenga un plan específico y sumamente detallado en mente. A veces es así. Él le mando a Oseas que se casara con Gómer. Le dijo a Moisés y al pueblo de Israel exactamente donde acampar y cuando avanzar mientras anduvieron vagando por el desierto. Envió a Jeremías a la casa del alfarero y le dijo que prestara atención a una lección práctica. Cambió el itinerario del apóstol Pablo y no le permitió ir a Asia ni a Bitinia.[2] Pero ese tipo de instrucciones explícitas constituyen una excepción y no la regla (aun en la vida de nuestros héroes bíblicos).

El hecho es que contamos con una libertad mucho mayor que la que cualquier plano detallado nos permitiría. Esta es la razón principal por la que nos resulta difícil descubrir los detalles de la voluntad de Dios. Con frecuencia no existen. Le preguntamos a Dios: «¿Cuál de los dos?» Y él nos responde: «Es indistinto para mí. Depende de ti».

En lo que hace a la mayoría de las situaciones y de las decisiones que debemos tomar, nosotros tenemos una amplia libertad de elección. A Dios no le interesa tanto dónde trabajemos sino cómo lo hagamos, dónde vivamos sino cómo. Y hasta cuál será la persona con la que nos casemos (en tanto lo hagamos con alguien que pertenezca a la fe) no parece ser tan relevante como la forma en la que lo hagamos.

Consideremos las propias palabras del Nuevo Testamento. Notaremos que se hace poco énfasis en el tipo de decisiones que nosotros solemos subrayar. En lugar de eso, el énfasis principal está puesto en un carácter piadoso y en la obediencia diaria como patrón de vida.

> *A Dios no le interesa tanto dónde trabajemos sino cómo lo hagamos, dónde vivamos sino cómo. Y hasta cuál será la persona con la que nos casemos (en tanto lo hagamos con alguien que pertenezca a la fe) no parece ser tan relevante como la forma en la que lo hagamos.*

Es cierto que cuando tenemos que tomar una decisión, deberíamos detenernos para considerar lo que dicen las Escrituras y preguntarle a Dios si él tiene algún aporte específico que hacer. Si lo tiene (ya sea que nos llegue a través de las Escrituras o de la guía interior del Espíritu), nosotros debemos hacer exactamente lo que él diga y seguir su guía. Pero nos sorprenderá notar que la mayor parte del tiempo su silencio nos llevará a entender: «Es igual; depende de tu decisión».

Más inconvenientes

Pero eso no es todo. La mentalidad de que se trata de un plan detallado presenta otros inconvenientes espirituales significativos. Además de constituir una metáfora inapropiada y defectuosa acerca del modo en que funciona la voluntad de Dios, tiende a producir un par de peligrosos efectos colaterales en lo espiritual, en particular un miedo que paraliza y un enfoque distorsionado. Estos son el por qué y el cómo.

Paralizados por el temor

Uno de mis hijos trabaja actualmente realizando estimaciones para una compañía de comercialización de pinturas. Su tarea consiste en tomar una serie de proyectos (normalmente de unos cinco centímetros de espesor) y entresacar todo lo que tenga que ver con la pintura en ese trabajo. Él toma nota de los metros cuadrados, de las paredes, de las molduras, de los techos, y de la estimación de tiempo programada. También tiene que detectar cualquier nota marginal que indique algún acabado u otros materiales a utilizar. Basándose en lo que él obtiene, la compañía determina un precio y realiza una oferta por la realización del trabajo.

La peor pasadilla de un subcontratista (y también de mi hijo) es que se le pueda pasar por alto algo significativo de los planos y que al realizar una oferta lo bastante buena como para conseguir el trabajo ésta resulte demasiado baja como para poder acabar obteniendo beneficios una vez que se vuelven a agregar las especificaciones pasadas por alto.

He notado que muchos cristianos que tienen una mentalidad de proyecto, enfocan cada decisión importante como lo haría un novato al que le tocara estimar un conjunto de planos. Quedan como petrificados ante la perspectiva de cometer un error.

Un amigo mío jamás pudo concretar nada con respecto al matrimonio. Ante la ausencia de un «claro sí» de parte de Dios (todavía no estoy seguro acerca de lo que sería un «claro sí»), tuvo miedo de seguir adelante. Estaba tan aterrorizado por la idea de casarse con la persona «equivocada», que ahora mira hacia atrás con pesar por todas las buenas chicas que dejó pasar.

Pero eso es lo que produce en nosotros una mentalidad del plan específico. La errónea creencia de que existe solo una opción correcta para cada una de las áreas principales de la vida paraliza la capacidad de toma de decisión. Como resultado, podemos acabar titubeando, repensando una y otra vez las cosas y rechazando un montón de opciones buenas y aceptables.

Es por eso que a aquellos de mis amigos a los que el agua parece llegarles por encima de las rodillas cuando tienen que tomar cualquier decisión importante les aconsejo que se relajen. Si las Escrituras nos indican qué hacer, entonces, por supuesto, hagámoslo, y cuanto antes. Pero si no, elijamos lo mejor que podamos y vayamos adelante. Luego de morir por nuestros pecados y de allanar el camino para nuestra adopción dentro de su familia, Dios no nos va a condenar a una vida de pesar por haber elegido «mal» la universidad, la especialización, el empleo y hasta el cónyuge. Y aun si cometemos un error, siempre existe un camino de obediencia dentro de cada situación, aunque sea a posteriori de alguna decisión realmente estúpida que hayamos tomado. Lo sé. He estado allí. Y las cosas resultan bien.

Un enfoque distorsionado

Otro problema de la mentalidad de programa es que tiende a torcer nuestro enfoque hacia las cosas inadecuadas. En lugar de preocuparnos por las cuestiones de más peso referidas a la piedad (la justicia, la misericordia, y la obediencia), centramos la atención en encontrar el compañero correcto, en elegir la carrera adecuada, en alquilar el mejor departamento.

No quiero decir que esas decisiones sean poco importantes. Son importantes. Las decisiones, en última instancia, son las que definen nuestro destino. Pero ni siquiera se acercan en importancia a una vida de obediencia diaria.

Por ejemplo, me sorprende la frecuencia con la que muchos me piden oración para saber si es la voluntad de Dios que se casen con alguien con el que están saliendo, mientras en el ínterin ignoran de plano su voluntad con respecto a su sexualidad. Nunca sé con certeza cómo reaccionar. Lo piden con mucha sinceridad. Como si nunca hubieran caído en la cuenta de que tal vez Dios ni siquiera se moleste en mostrarles con *quién* casarse mientras no presten atención a sus instrucciones con respecto a *cómo* estar de novios.

No se trata de que la voluntad de Dios en cuanto a la sexualidad resulte difícil de conocer. Está claramente señalada en la Biblia.[3] En muchos casos las personas ya saben lo que él desea. Simplemente no creen que eso funcione para ellos en ese momento.

Su gran error consiste en la suposición de que elegir el compañero correcto los ayudará a no llevar una vida equivocada. Como resultado, tratan a Dios como a un consultor de proyectos de medio tiempo: alguien al que consultar cuando tienen que enfrentar decisiones en verdad importantes, pero que no resulta demasiado relevante en lo que hace a las cuestiones de todos los días.

Pero eso presenta un problema.

Porque Dios no lleva adelante consultorías.

Él hace el trabajo de Dios.

Obviamente, resultaría injusto meter a todos en la misma bolsa de modo que quede implícito que cualquiera que considere la voluntad de Dios como un proyecto detallado vaya a ignorar los mandamientos de Dios para la vida diaria. Con toda claridad, ese no es el caso. Pero tener una mentalidad de plan específico tiende a enfocarnos más en *encontrar* algo que en *convertirnos* en algo.

Recuerdo haberle pedido a un grupo de universitarios que lideraba que hicieran una lista de todos los rasgos que buscaban en un compañero ideal. Las listas fueron impresionantes. Revelaron que la mayoría de los estudiantes buscaban compañeros perfectamente apropiados para ellos.

Luego les pedí a todos que repasaran sus listas. En esta ocasión, en lugar de concentrarse en lo que buscaban y en pensar dónde podrían encontrar a esa persona, sugerí que se hicieran otra pregunta. «¿Por qué querría una persona como esa casarse *conmigo*?

El salón permaneció extrañamente silencioso.

La mentalidad de proyecto los había colocado en la modalidad de búsqueda. Muchos de ellos ni siquiera habían considerado que la voluntad de Dios para su futuro matrimonio debería incluir algo más que encontrar la pareja adecuada, y que la clave más importante para lograr un buen matrimonio sería la calidad de personas en las que se convirtieran y no simplemente el hecho de encontrar a alguien.

Comprender las estrategias de Dios

Además de constituir una metáfora mucho más apropiada, el considerar que la voluntad de Dios funciona como una estrategia enfatiza el hecho de que el conocimiento de Dios está fácilmente a nuestro alcance. Todas las pautas y principios básicos se encuentran en las Escrituras. Con esas cosas básicas a mano, podemos saber qué hacer, qué no hacer, cómo pensar, y cómo vivir, independientemente de lo inusual que sea la situación o de lo compleja que resulte la decisión que debemos tomar.

Sin embargo, en tanto que por un lado la estrategia de Dios es muy simple, por el otro, tiene muchas connotaciones. Cuanto más nos dedicamos a ella, mayor y más profunda se vuelve nuestra comprensión. Pero no está fuera del alcance del más nuevo de los cristianos. Jesús lo señala de esta manera: «Vengan a mí todos ustedes que están cansados y agobiados, y yo les daré descanso. Carguen con mi yugo y aprendan de mí, pues yo soy apacible y humilde de corazón, y encontrarán descanso para su alma. *Porque mi yugo es suave y mi carga es liviana*».[4] Entonces, con eso en mente, vamos a sobrevolar brevemente por encima de las cuestiones básicas de la voluntad de Dios; esas cosas que, una vez que dominamos, hacen del proceso de descubrir la voluntad de Dios y permanecer en ella un trayecto que nos lleva a convertirnos en una determinada persona más que a iniciar la búsqueda de algo difícil de hallar.

Obedecer lo que ya sabemos

El punto de comienzo para encontrar cuál es la voluntad de Dios es obedecer los mandamientos e instrucciones que ya conocemos. El sendero de la obediencia siempre conduce a una mayor luz. Es lo que a mí me gusta llamar el principio de la llave del potenciómetro. Cuando obedecemos a la luz que tenemos, recibimos más. Si, en cambio, desobedecemos a la luz que tenemos, recibimos menos.[5]

Eso ayuda a explicar por qué es una pérdida de tiempo buscar la dirección de Dios para una decisión que implica una encrucijada importante mientras lo desobedecemos en cuanto a las cosas ya sabidas. Podemos orar todo lo que queramos. Pero si nos encontramos en medio de una desobediencia arrogante, Dios no nos responderá.

De hecho, en realidad él considera detestables esas oraciones. Aun declara que se reirá de nuestros aprietos en lugar de ayudarnos. Ahora bien, yo sé que eso no suena al estilo de Dios. Pero tendremos que hablarlo con él en tal caso. Porque es exactamente lo que él dice que hará.[6]

Por eso me gusta animar a los nuevos cristianos a que no se preocupen por las cosas que no saben. Y lo mismo va para el resto de nosotros. Si sencillamente comenzamos a poner por obra lo que ya conocemos, lo demás llegará a su tiempo.

Conocer todos los hechos que nos sea posible

Para poder seguir cualquier estrategia, en especial las de Dios, tenemos que usar nuestro cerebro. Los hechos siempre cuentan, aun en la esfera espiritual. Hace mucho tiempo, Salomón señaló que los que son sabios y justos comprueban los hechos antes de determinar su curso de acción, mientras que los necios no se preocupan por hacerlo, sacan conclusiones precipitadas o deciden ignorar por completo los acontecimientos.[7] Lamentablemente, dentro de algunos círculos, el cuestionar a un líder espiritual, el constatar rigurosamente los hechos, y el titubear antes de dar un salto se considera falta de espiritualidad, como si la fe y los hechos fueran incompatibles. Nada se aleja más de la verdad. Hasta el apóstol Pablo alabó a aquellos que cuidadosamente escudriñaron lo que él decía e hicieron que él probara su punto a través de las Escrituras.[8]

La fe bíblica no es ilógica. No niega ni ignora los hechos. Encaja con los hechos. Ciertamente es posible que no siempre comprendamos qué es lo que Dios quiere hacer y de qué forma el hacer las cosas a su manera puede llegar a funcionar en una determinada situación. Pero yo sugeriría que nunca resulta ilógico hacer lo que Dios nos indica *con claridad*. Es lo más lógico del mundo.

La cuestión real con la que nos enfrentamos es determinar si nuestra última loca idea en verdad proviene de Dios o no. En otras palabras, ¿fue del Señor ese sueño o se debió a la pizza que comimos anoche? La única manera de saberlo es poniéndolo a prueba, y eso nos demanda echarle una mirada seria a los hechos. Es la única manera de descubrir con toda certeza la diferencia entre una idea alocada y una guía legítima del Señor.[9]

Para entender lo que quiero decir, consideremos otra de las historias de fe más extremas de la Biblia: la que narra la disposición de Abraham a sacrificar a su hijo Isaac.

Si conocemos la historia, sabemos que cuando Dios le pidió a Abraham que sacrificara a Isaac, ambos se encaminaron a la montaña para llevarlo a cabo, aparentemente sin hacer preguntas. A último momento Dios le salió al paso a Abraham y le dijo: «Simplemente te estaba probando». Él proveyó un carnero atrapado en un arbusto como substituto de Isaac y confirmó la fe de Abraham.[10]

A simple vista, la acción de Abraham desafiaba la lógica. La mayoría de nosotros (en realidad, todos nosotros) pensaríamos: *Yo nunca haría eso.* Pero si le echamos una mirada cuidadosa a la historia de trasfondo, veremos las cosas bajo una luz diferente. Las acciones de Abraham no fueron ilógicas. Tenían relación con los hechos. Él utilizó su cerebro. En realidad, los hechos que rodearon la situación fueron las que le dieron confianza en cuanto a que era Dios el que estaba detrás de ese pedido estrambótico y que las cosas saldrían bien.[11]

No olvidemos que durante décadas Dios había hablado con Abraham cara a cara. Durante ese tiempo le había hecho una serie de promesas, cada una más difícil de cumplir que la anterior, y en cada ocasión las había cumplido, culminando con el nacimiento de Isaac, largo tiempo después de que Abraham y su esposa dejaran de ser físicamente aptos como para lograrlo. Isaac fue el más acabado «bebé del milagro». Bueno, es decir, después de Jesús.

Teniendo en cuenta esas experiencias pasadas y la dura realidad de la situación, Abraham hubiera sido un tonto al desobedecer.

No había duda de que Dios mismo había dado la orden. Las instrucciones no eran crípticas. Y Dios había demostrado ya que era completamente fiel a sus promesas.

Nuestro caso no es diferente. Si Dios quiere que demos un gran paso de fe como el de Abraham, no tendremos dudas con respecto a lo que él desea que hagamos y los hechos lo demostrarán. Pero al igual que Abraham, antes de hacer algo precipitado, necesitamos estar seguros de que tenemos datos claros y de que estamos usando el cerebro para confirmar que eso es realmente lo que Dios quiere que hagamos.

Usar el cerebro constituye un aspecto importante al seguir cualquier estrategia, en especial si es de Dios. Él nos lo ha dado por una buena razón. Siempre resulta una buena idea utilizarlo.

Pensar bíblicamente

A un atleta le resulta difícil seguir una estrategia si no está presente en todas las reuniones de su equipo. También es así de difícil seguir la estrategia de Dios si no conocemos las Escrituras (lo que en realidad dicen, como contrapartida a lo que podemos pensar que dicen).[12]

Sin embargo, el presente estado de analfabetismo bíblico entre algunos autodenominados cristianos es bastante desalentador. Recuerdo la época en que los brazaletes con las siglas QHJ (¿Qué haría Jesús?) hicieron furor. Descubrí que muchos de los individuos que los usaban no tenían idea de lo que Jesús había dicho y hecho en realidad (¡y ni siquiera sabían dónde encontrar aquellos relatos!).

Ocasionalmente (el diablo me llevaba a hacerlo) le preguntaba a alguno de los que usaban esos brazaletes si podían ayudarme a recordar los Diez Mandamientos, a encontrar el Sermón del Monte, o a localizar el pasaje en el que Jesús había dicho: «Ama a tu prójimo como a ti mismo». La mayoría no pudo. Aunque algunos pocos estaban seguros de haber leído aquel versículo que hablaba de que *al que madruga Dios lo ayuda*.

No sirve de nada intentar hacer lo que Jesús haría si no tenemos idea de lo que él realmente hizo. No alcanza con tratar de adivinarlo. La estrategia de Dios es completamente ajena a lo intuitivo. Ninguno de nosotros podría salir con conceptos como amar a nuestros enemigos, servir a aquellos a los que lideramos, o mantener nuestra palabra a toda costa. Ese tipo de respuestas solo vienen por dedicar tiempo a revisar el cuaderno de jugadas.

Dominar las cosas básicas

En los deportes se lo llama lo fundamental: la habilidad básica que se necesita para participar del juego. Sea tenis, golf o fútbol, hay ciertas habilidades que cada jugador debe dominar para poder tener alguna oportunidad de ganar.

También es así con la voluntad de Dios: hay ciertas partes fundamentales de su estrategia que tenemos que dominar para poder llevarlas a la práctica. Esos aspectos fundamentales están conformados por los mandatos claros registrados en las Escrituras. Ellos nos señalan explícitamente lo que Dios desea que hagamos o no hagamos en cualquier situación: cosas como decir la verdad, ser amables y siempre pagar bien por mal. Independientemente de lo profundo que se hayan arraigado las malezas que tengamos que arrancar, o de lo difícil que resulte una decisión o un dilema que tengamos que enfrentar, podemos contar con que esas cuestiones fundamentales mantendrán el timón en la dirección correcta.

Los pasajes más básicos de todos son aquellos que declaran específicamente: «Esto es lo que Dios desea», o «Esta es la voluntad de Dios». Constituyen un buen lugar para comenzar.

Por ejemplo, se nos dice que Dios desea que todos lleguen al punto del arrepentimiento (un giro espiritual que produce como resultado el seguir a Jesús).[13] Así que probablemente no valga la pena pedirle a él que nos muestre su voluntad en cuanto a una decisión importante que debemos tomar si no estamos dispuestos a seguir a su Hijo en el día a día.

> *Nuestra tarea no es tanto encontrar algo sino convertirnos en algo: en un reflejo de su imagen y carácter, sin que importe el lugar en el que estemos.*

Las Escrituras también nos dicen que es la voluntad de Dios que cada cristiano sea lleno del Espíritu Santo (que esté controlado por él), que el Señor desea que seamos puros en lo sexual, que evitemos toda forma de inmoralidad, y que respondamos con respeto y obediencia a los que son autoridad sobre nuestra vida.[14]

Cuando considero esa lista (y procedo a leer los versículos) no puedo evitar sentirme culpable por la muchas ocasiones en las que yo, y muchos otros cristianos que conozco, hemos buscado una guía específica para alguna decisión esotérica que tenemos que tomar, mientras que ignoramos los aspectos fundamentales de su estrategia. Una vez más digo: no tiene sentido preguntarle a Dios si debemos pedir que nos promuevan en el trabajo cuando fallamos en mostrar respeto por nuestro jefe; preguntarle a qué universidad desea él que vayamos, mientras andamos haciendo cosas indebidas por ahí con nuestra novia; buscar su dirección y ayuda en tanto que resistimos las palabras del Espíritu en las Escrituras, o el susurro del Espíritu en nuestro corazón.

Dios, de hecho, tiene un plan para todos nosotros. Pero se trata de una estrategia, con mucha libertad, y no de un plano en el que cada detalle ha sido determinado. Nuestra tarea no es tanto encontrar algo sino convertirnos en algo: en un reflejo de su imagen y carácter, sin que importe el lugar en el que estemos.

¿TIENE DIOS UN PLAN PARA MI VIDA?

No se amolden al mundo actual, sino sean transformados mediante la renovación de su mente. *Así podrán comprobar cuál es la voluntad de Dios, buena, agradable y perfecta.*

ROMANOS 12:2

Por tanto no sean insensatos, sino *entiendan cuál es la voluntad del Señor.* No se emborrachen con vino, que lleva al desenfreno. Al contrario, *sean llenos del Espíritu.*

EFESIOS 5:17-18

5 LOS CRISTIANOS NO DEBERIAN JUZGAR

Tengo un método infalible para lograr que nuestros amigos no cristianos, o los compañeros de trabajo, citen la Biblia. Funciona siempre.

Usar la palabra *pecado*.

Llamemos pecado a alguna cosa.

Hablemos en contra de un estilo de vida que la Biblia prohíbe. Critiquemos el sistema de creencias de una secta o de alguna religión del mundo. O critiquemos cualquier conducta que no sea condenada por nuestra cultura. Luego demos un paso atrás y esperemos.

No pasará mucho tiempo sin que alguien, que de otro modo no usaría para nada la Biblia, cite Mateo 7:1: «No juzguen».

Irónicamente, es probable que la persona que lo diga no tenga idea acerca de dónde encontrar el versículo citado, y menos aún que lo está citando fuera de contexto.

El mito sobre juzgar

La idea de que Jesús les prohibió a sus seguidores juzgar es un mito. Se trata de otra de las leyendas urbanas espirituales ampliamente creídas por la gente, indefendible ante a las palabras de las Escrituras. No a emitir juicio ni llamar al pecado por su nombre no es lo que Jesús nos pide que hagamos. Como veremos, él lo hacía constantemente. Y él espera lo mismo de nosotros. Rehusarnos a llevarlo a cabo implica un costo espiritual muy elevado, no solo en nuestra vida, por negarnos a juzgar, sino en la de aquellos a los que nunca se les han señalado sus pecados.

> *No emitir juicio ni llamar al pecado por su nombre no es lo que Jesús nos pide que hagamos. Como veremos, él lo hacía constantemente. Y espera lo mismo de nosotros.*

Jesús no dijo «No juzguen», punto aparte. O signo de admiración. Dijo un «No juzguen» seguido por una aclaración acerca del tipo de juicios que sí debemos emitir, cuándo hacerlo, y cómo. El pasaje de Mateo 7, leído dentro de su contexto, no constituye una prohibición a juzgar. Se trata de una fuerte advertencia en contra de juzgar de un modo inadecuado. De hecho, inmediatamente después de decir «No juzguen», Jesús continúa diciendo que no demos lo sagrado a los perros ni les echemos perlas a los cerdos.[1] Eso es difícil de llevar a cabo sin emitir algún tipo de juicio, en especial dirigido a descubrir quiénes son los «perros» y quiénes los «cerdos». Lo mismo sucede con los versículos siguientes de ese capítulo, en los que Jesús nos implora que inspeccionemos con cuidado el fruto espiritual de cualquiera que declare hablar de parte de Dios, y que rechacemos a aquellos cuyo fruto es malo y escuchemos a los que llevan buenos frutos.[2]

Entonces, ¿por qué tantos de nosotros pensamos que Jesús no quiere que juzguemos?

Existen un par de razones. Una, como ya lo hemos visto, es no haber sabido leer el resto del pasaje e interpretar las palabras Jesús dentro del contexto. La otra, nuestra tendencia natural a interpretar las palabras antiguas a través del filtro de la cultura moderna de nuestros días, en especial a la luz de un rasgo muy apreciado al que llamamos tolerancia.

El filtro de la tolerancia

Hoy en día, la *tolerancia* se define mayormente como permitir que otros crean y vivan de maneras con las que nosotros no estamos de acuerdo, apoyando su derecho a hacerlo, y rehusándonos a juzgar sus puntos de vista y sus acciones como buenas o malas. Como resultado, en la mayoría de los círculos el criticar las creencias de otros o sus elecciones morales se considera como un grave paso en falso en ámbito social, una señal indudable de arrogancia o ignorancia.

Y para aquellos que saben que Jesús dijo «No juzguen», eso hace que den el caso por cerrado. Lo que hace que la cuestión de emitir juicios sobre los demás pase de ser políticamente incorrecta a absolutamente errónea.

Pero estamos un problema: eso no fue precisamente lo que Jesús dijo. Y con toda certeza tampoco lo que quiso decir. Él no solo les mandó a sus seguidores que juzgaran, sino que les dio instrucciones acerca de cómo juzgar de una manera apropiada. Y, por su parte, emitió bastantes juicios.

Redefinir lo que es tolerancia

Con esto no queremos decir que el énfasis en la tolerancia sea algo malo. Correctamente entendida, es una gran cosa, una parte necesaria del tejido social de cualquier sociedad en la que exista diversidad. También constituye un rasgo por el que todo seguidor de Cristo debería luchar.

Pero, lamentablemente, la palabra *tolerancia* ya no significa lo que solía significar. En una época implicaba concederles a los demás la libertad de equivocarse. No excluía la crítica ni la censura; procuraba ofrecer la propia evaluación en un espíritu de gracia y humildad. Eso dista mucho de la definición actual de *tolerancia*, que afirma que todos están en lo correcto, sin importar lo que crean o lo que hagan.

Esta nueva definición de lo que es *tolerancia* se ha adoptado de un modo tan amplio que hasta muchos cristianos consideran inapropiado criticar o censurar las creencias religiosas o los patrones morales de los demás.

En muchos sentidos es comprensible, porque no siempre resulta fácil abstraerse de los valores y puntos de vista de nuestros días. Si lo ponen en duda, solo recuerden las cosas que se consideraban de onda o que estaban de moda quince años atrás. O échenle una miradita a cualquier anuario de la secundaria. Encontrarán en él un testimonio silencioso sobre nuestro instinto de manada.

Sin embargo, si seguimos a la multitud en esto y compramos la idea de que nunca debemos juzgar a otros, acabaremos yendo tras una huella que no solo difiere de la que marcan los dichos de Jesús, sino que también desafía la lógica, oscurece la verdad, y propaga el pecado.

La verdad referida a la verdad espiritual

Subyacente a la idea de que no tenemos derecho a juzgar las creencias y patrones morales de otros, encontramos otra creencia muy difundida. Es el dogma que señala que la verdad y la moral son relativas, la convicción de que no existen ni verdades espirituales ni patrones morales que resulten universales. En otras palabras, en la esfera de lo espiritual y lo moral, pueden haber dos puntos de vista diametralmente opuestos que se consideren verdaderos al mismo tiempo.

Sin embargo es una idea que no se acepta dentro de ninguna otra esfera. Solo en el ámbito moral y en el espiritual nos tragamos esas tonterías.

Imaginemos que un estudiante de ingeniería argumentara que sus cálculos no tienen importancia en tanto las cosas le funcionen.

No muchos se arriesgarían a atravesar en automóvil un puente que él hubiera diseñado. O imaginemos que nuestro doctor nos diera un puñado de píldoras, diciéndonos que tomemos las que «nos parezcan adecuadas».

Sabemos que en todas las áreas de la vida en las que resulte posible comprobar los resultados hay cosas que funcionan y otras que no. Algunas respuestas son correctas y otras no. La creencia de que la esfera moral y la espiritual operan de un modo distinto constituye un salto que no cuenta con un soporte lógico. Es un viaje oscuro hacia el mundo de *Alicia en el país de las maravillas*, en el que el pensamiento basado en quimeras y fantasías reemplaza a la realidad y al sentido común.

Por qué es preciso juzgar

Jesús y la Biblia no solo no prohíben juzgar, sino que en realidad nos proveen una colección de principios y lentes a través de los que hacerlo.[3]

Pensemos en esto: si se nos prohibiera emitir juicios morales y espirituales, no contaríamos con una forma objetiva de distinguir entre la verdad y el error. Pero Jesús nos enseñó a juzgar precisamente porque algunas creencias son verdaderas y otras falsas, porque ciertas acciones son correctas y otras incorrectas.

Hace no mucho tiempo escuché a un experto en política referirse a la historia de Jesús y la mujer tomada en adulterio.[4] En un intento por defender la conducta cuestionable de su candidato favorito, señaló que cuando los líderes religiosos trajeron la mujer a Jesús, él los detuvo en lo que intentaban hacer, enfatizando que la persona que no tuviera pecado debía ser la que arrojara la primera piedra. Y que después de que sus acusadores se fueron, le dijo a la mujer: «Tampoco yo te condeno».[5]

> *Si se nos prohibiera emitir juicios morales y espirituales, no contaríamos con una forma objetiva de distinguir entre la verdad y el error.*

«Yo me identifico con la tradición de Jesús», declaró el experto. «No juzgo a la gente».

Sin embargo, hay un problema con eso. Jesús sí juzgaba a la gente. A la mujer en cuestión no solo le dijo: «Tampoco yo te condeno». Prosiguió diciendo: «Ahora vete, y no vuelvas a pecar». Eso era un juicio. Él no ignoró su adulterio. No le hizo un guiño. No le dijo: «En lo personal, me siento incómodo con eso, pero si te funciona, está bien». Llamó a las cosas como eran: pecado. No hay duda de que la confrontó con gracia. Pero también con la verdad, y le advirtió que realizara algunos cambios importantes, y pronto.

Si nos rehusamos a catalogar como pecado las conductas a las que Jesús llama pecado, estaríamos en desacuerdo con Jesús, y no lo seguiríamos.

El curso de acción apropiado no es dejar de juzgar a otros, sino hacerlo adecuadamente, en línea con los patrones y principios a través de los que Jesús nos enseñó a juzgar. Al mismo tiempo, no es una novedad que algunos que entienden que está bien juzgar anden por ahí haciéndolo de una manera en la que ocasionan más daño que bien. Así que consideremos lo que Jesús y las Escrituras dicen en realidad con respecto a este tema de juzgar y qué es lo que hace falta para entenderlo correctamente.

Juzgar tal como queremos ser juzgados

Una de las primeras claves para poder juzgar apropiadamente es recordar que los patrones que usemos para juzgar a otros serán los que Dios utilice para juzgarnos a nosotros.[6]

Eso no implica que si pasamos por alto o ignoramos los pecados de otros podamos pecar impunemente (lo que con frecuencia parece ser una suposición subyacente en aquellos que no quieren juzgar ni a las personas ni ciertas cuestiones). Significa que tenemos que juzgar con extremo cuidado y claridad.

Cuidado con tratar de «equilibrar la balanza»

Esta advertencia es particularmente significativa para aquellos que estamos en puestos de autoridad moral, como los maestros, predicadores y padres. Sé por experiencia personal lo fácil que resulta condenar las mismas cosas con las que nosotros mismos estamos luchando. De hecho, creo que son esas las cosas que tendemos a juzgar con mayor dureza.

Con frecuencia me he preguntado por qué. En una consideración superficial, no tiene sentido. Parece difícil poder vivir en medio de una hipocresía así. Pero obviamente no lo es. Muchos de nosotros lo hemos experimentado.

Tal vez sea un intento por equilibrar la balanza (llevando adelante una cruzada en contra de los pecados con los que estamos luchando, como si al condenarlos a viva voz compensáramos la práctica secreta). O tal vez se trate de un esfuerzo por convencer a Dios y convencernos a nosotros mismos de que todavía estamos de su lado a pesar de ese mal al que parecemos no poder derrotar.

Probablemente recordemos la triste historia de Jimmy Swaggart, el predicador sureño que hablaba de fuego del infierno y azufre y que ganó muchos adeptos a través de la televisión durante los años ochenta. Mostraba un particular desdén por los pecados sexuales. Con una fiera pasión predicaba en contra de cualquier cosa y de cualquier tipo de personas a las que considerara una fuente de tentación.

Luego de ser descubierto en una serie de encuentros desafortunados con una prostituta local, todo quedó en claro. Él no había estado predicándole a una congregación. Se había estado predicando a él mismo. Pero, lamentablemente, según las palabras de Jesús, agregaba condenación sobre sí con cada sermón dado.[7]

Cuidado con la sobreprotección

Otra razón por la que muchas veces condenamos ásperamente los pecados con los que estamos luchando es nuestro deseo de proteger a aquellos a los que amamos. No deseamos que ellos sufran la misma pena y el mismo dolor por los que nosotros hemos pasado, así que redoblamos la retórica y nos lanzamos contra los pecados que nos causan los mayores problemas.

Recuerdo haberme encontrado con una madre y su hija adolescente. La madre traía a su hija con la esperanza de que yo pudiera detenerla de deslizarse hacia una vida de libertinaje. No me tomó mucho tiempo descubrir que la madre era la que tenía el problema. Se autoproclamaba «una niña desenfrenada» que todavía luchaba con muchas de las mismas cuestiones que su hija, y podía encontrar sus propios demonios en todo lo que su hija hacía.

Relacionaba cada prenda a la moda que la muchacha tenía con el vestuario de una prostituta; todo CD constituía una celebración a la decadencia moral. Las películas constituían una especie de pornografía suave; los posibles pretendientes no eran sino depredadores sexuales. Escudriñaba todo lo que su hija decía, hacía, veía o leía y luego combatía la mayor parte de ello por considerarlo basura y perversión.

Después de sacar a su hija del cuarto, le sugerí a la madre que retrocediera en su actitud. Ella estaba aterrada. Me llamó blando con el pecado (y algunas otras cosas). Desde su punto de vista, sus amargas denuncias constituían la mejor manera de hacer desistir a su hija a través de asustarla mortalmente.

Nunca se le ocurrió que en realidad se estaba condenando ella misma en lugar de ayudar a su hija. Un enfoque mucho más adecuado hubiera sido que les bajara las revoluciones a sus ásperas expresiones condenatorias y que las cambiara por una conversación sincera acerca de sus propias luchas, de su sórdido pasado y de las marcas que esos pecados dejaban tras sí.

Hubiera logrado que la hija la escuchara. Sé que Dios hubiera escuchado. Y estoy seguro de que lo hubiera considerado mucho mejor que todo lo que había oído antes.

Tratemos primero nuestras propias cuestiones

Una segunda clave para juzgar apropiadamente es asegurarnos de tratar con nuestros propios pecados antes de comenzar a preocuparnos por los de todos los demás. Jesús no nos mandó ignorar la astilla que otros tienen en el ojo. Pero señaló que primero quitemos la viga de nuestro propio ojo. Entonces podremos ver claramente como para ayudar a quitar la astilla del ojo del otro.[8]

Eso significa que mientras siga perdiendo la batalla frente un determinado pecado en mi propia vida, es preciso que mantenga la boca cerrada. No estoy excusando o defendiendo el pecado de otros, pero no es sabio que me una al coro de aquellos que llevan a cabo una cruzada en contra de un cierto pecado mientras yo tengo mi propio armario lleno de pecado.

Esto no implica que debamos ser perfectos. Si fuera así, entonces hasta el apóstol Pablo hubiera tenido que cerrar la boca.[9] Y es evidente que no lo hizo. Era fuerte en su exposición del pecado y del error. También lo podemos ser nosotros, pero no si algún pecado en particular nos tiene agarrados por el cuello.

Resulta especialmente importante que aquellos que luchan con un pecado secreto del que nadie sabe (o así al menos lo creen) capten este principio. Mientras la batalla continúe y la puerta del armario permanezca cerrada, no tenemos derecho a andar señalando en público el pecado de los demás. El hacerlo solo vuelve más difíciles las cosas. Hay muy pocos secretos que permanezcan así de por vida. El tiempo tiene su forma de revelar las cosas que nosotros nos esforzamos por ocultar.

Varios años atrás, lamentablemente, me tocó ver este principio cumplirse a la distancia. Comenzó cuando alguien me suscribió a la publicación mensual de una universidad ideológicamente conservadora. Lo que atrapó mi atención fue el fervor con el que el rector de esa universidad golpeaba repetidamente sobre las maldades y la depravación moral de la así llamada izquierda liberal.

Él era lo que yo denomino un perro guardián de Jesús. Tal vez ustedes hayan conocido a alguien como él. Si es así, ya saben a lo que me refiero.

Francamente, estaba de acuerdo con muchas de las cosas que él decía (no con todas). Yo también estaba alarmado por la multitud de tendencias culturales y políticas que parecían avanzar en una dirección equivocada. Compartía muchos de los valores morales que él propugnaba. Aunque muchas veces no me agradaba su tono, tengo que admitir que la mayor parte de su mensaje hallaba eco en mí.

Pero, él hubiera salido mejor parado si nunca hubiera dicho una palabra o impreso una sola página. Tenía el armario lleno de basura, y eso lo convertía en no apto para hablar o escribir, independientemente de la verdad que transmitieran sus palabras.

Cuando se abrió la puerta de ese armario, quedó al descubierto una aventura con su nuera, arrastrada por diecinueve años. Obviamente él lo perdió todo: su trabajo, su familia, su credibilidad. Y lo peor fue que los oponentes que él se esforzaba por derrotar se envalentonaron. Tuvieron su momento de gloria pinchándolo por su hipocresía. Y gracias a Google, nunca tendrá oportunidad de dejar atrás la vergüenza de su pecado ni de sobrevivir a ella. Permanece para siempre en el aire, apenas a un tecleado y a un clic de distancia.

Pero eso no es todo. Lo peor es que, según las palabras de Jesús, Dios estuvo tomando notas. Los juicios duros que ese hombre emitió y distribuyó entre los demás, se le volvieron en contra. Les dejo a los teólogos resolver los detalles acerca de cómo funciona eso. Mientras tanto me voy a concentrar en el cuadro general y en aquello que sé con seguridad: emitir juicios públicamente hace que el pecado privado sea mucho peor. Es un camino necio como para seguir.

No juzguemos a menos que Dios haya hablado claramente

Una tercera clave que nos permite juzgar correctamente es estar seguros de que nuestros juicios van de acuerdo con los de Dios. Como ya hemos visto, el mito de que Dios no quiere que juzguemos nos puede colocar en la posición incómoda por estar en desacuerdo con Dios cuando él llama a algo pecado y nosotros no estamos dispuestos a hacerlo. Pero hay un error que se ubica del lado opuesto cuando se trata de juzgar a otros. Podemos caer en juzgar y criticar cosas con las que Dios no tiene problemas.

Como nuevo cristiano no me llevó mucho tiempo darme cuenta de que muchos de los juicios más duros que oía emitir a la gente con frecuencia se referían a áreas en las que la Biblia no arrojaba prácticamente ninguna claridad. El hecho es que hay muchas áreas en las que las Escrituras solo establecen principios generales sin señalar cuáles son las aplicaciones específicas. Esos nos deja una gran libertad y la posibilidad de una determinación propia; por lo tanto, se producen muchas áreas de desacuerdo potencial.

Por ejemplo, la Biblia dice que nuestro cuerpo es el templo del Espíritu Santo y debe ser tratado como tal.[10] Eso es un principio. Queda librado a nosotros el modo de aplicarlo. Para algunos, eso implica evitar los cigarrillos, los cigarros y el alcohol. Para otros, significa no consumir ni bebidas dietéticas ni azúcar refinada. Y aun hay quienes consideran que tiene que ver con incluir una ejercitación vigorosa del cuerpo y un descanso adecuado. Para mí, significa mantenerme alejado de los enlatados, de la remolacha y del coliflor.

Pero en los días del Nuevo Testamento, ese versículo significaba específicamente no mantener relaciones sexuales con una prostituta del templo. Debido a que probablemente eso no constituya un problema para la mayoría hoy (¿han visto prostitutas del templo por su vecindario recientemente?), nos toca a nosotros descubrir la manera en que ese principio todavía resulta aplicable. Hay espacio para diversas aplicaciones.

Nos incluimos dentro de un grupo peligroso cuando juzgamos a los demás en alguna área sobre la que Dios no se ha expedido de una forma que no deje lugar a dudas. Como los antiguos fariseos, podemos acabar pontificando sobre cosas que a Dios no podrían importarle menos, en tanto que descuidamos las cosas por las que él se preocupa, y mucho.

He aprendido hace ya mucho tiempo que no es por omisión que hay cosas que no aparecen en la Biblia. Dios no estaba apurado por cumplir con la fecha de entrega que le había dado una editorial. Él no lamenta no haber sido un editor más cuidadoso. No está pensando en una revisión. Agregar reglas, regulaciones, patrones u otras cosas que desearíamos que se hubieran incluido, y luego juzgar a aquellos que fallan en cumplir con nuestros agregados nos colocaría en desacuerdo con Dios. Y también nos pondría en el riesgo de ser considerados mentirosos espirituales, independientemente de lo que sea nuestro sentir con respecto a determinadas cuestiones.[11]

Pero, cuanto más nos apasionemos por una cuestión, más difícil nos resultará abandonarla. Prestemos atención a nuestra retórica política, a nuestras batalla sobre oscuras distinciones teológicas, y a nuestra forma de despotricar en contra de los que llevan la iglesia de un modo diferente. Por lejos, las cartas y correos electrónicos más fuertes que he recibido me han llegado de algunas personas motivadas por una tradición, una preferencia, o algún tópico sobre el que tienen un fuerte sentir; cosas sobre las que la Biblia no dice nada.

El apóstol Pablo nota la misma tendencia cuando escribe su carta a la iglesia en Corinto. Los reprende por sus interminables discusiones, y luego les dice, no sin sarcasmo: «Sin duda tiene que haber grupos sectarios entre ustedes, para que se demuestre quiénes cuentan con la aprobación de Dios».[12]

En ese entonces, tal como en el día de hoy, la mayorías de las más feroces divisiones entre los cristianos no eran por cosas claramente señaladas en las Escrituras. En lugar de eso se producían entre facciones competitivas sobre áreas de interpretación en las que la Biblia se mantiene en silencio, o no es clara, o nos deja en libertad.

Raramente peleamos sobre aquellas cosas que están escritas, precisamente porque ya están escritas. Cuando las Escrituras son claras, no hay demasiado espacio para el desacuerdo. Pero cuando las cosas tienen más matices, allí sí encontramos algo sobre lo que «dialogar».

Los cristianos y los no cristianos

Quizás el aspecto peor comprendido en lo que hace a juzgar bíblicamente tiene que ver con la forma en que evaluamos y juzgamos al mundo no cristiano que nos rodea. Es en esta área que muchos de nosotros cometemos un error no intencional. Juzgamos a los no cristianos a través de patrones cristianos.

Normalmente se trata de un intento por colocarnos del lado de la justicia. Pero el juzgar a los no cristianos a través de pautas cristianas es como poner el carro delante del caballo. Aun si tuviéramos éxito en cuanto a convencer a los no cristianos de vivir por parámetros o criterios cristianos (o lográramos legislar de acuerdo a ellos), sin llevar a la gente a una relación con Cristo, lo único que lograríamos sería poblar el infierno de gente más agradable y moral.[13]

Y lo que es aún más importante, la Biblia específicamente prohíbe que juzguemos a los no cristianos a través de criterios cristianos.[14]

Eso no significa que no podamos llamar pecado a su pecado. No implica que a ellos se les permita desobedecer en forma impune las leyes de Dios. Simplemente significa que se espera que nosotros dejemos que él los juzgue y nos concentremos en nosotros mismos y en la familia de Dios en lo que hace a hacer cumplir esos patrones.

■ ■ ■

Podemos aprender mucho de los cristianos primitivos. Vivieron en una cultura y bajo un sistema de gobierno plagado de lo que la Biblia denomina pecado. El matrimonio era tenido en baja estima; los excesos sexuales eran tácitamente aprobados; y se celebraba la homosexualidad. El infanticidio constituía una forma aceptada de planeamiento familiar. El Coliseo se llenaba regularmente de multitudes sedientas de sangre que vitoreaban la muerte de los vencidos. Y para los cristianos no habían deducciones caritativas, excepciones a los impuestos a la propiedad ni protección alguna en cuanto a la libre expresión sino solo amenazas que presagiaban un día futuro en el que el cristianismo sería proscrito, los creyentes encarcelados y los líderes estarían sujetos a martirio.

Sin embargo, el Nuevo Testamento se mantiene extrañamente silencioso en lo que se refiere a emitir duros juicios y condenación sobre el gobierno romano, sus líderes y sus soldados. En tanto que habla de la decadencia de la sociedad en general, normalmente lo hace dentro de un contexto en el que se recuerda a los cristianos que ellos ya no debían vivir así.

La razón era simple. La iglesia primitiva comprendía que su tarea no era juzgar y condenar a los paganos que la rodeaban. Su tarea era ganarlos.

Evaluar y proteger

Si nos rehusamos a juzgar, nos perdemos en cuanto a la verdad. Si juzgamos inapropiadamente, amontonamos juicio sobre nosotros mismos. Me parece que este asunto del juzgar puede resultar bastante peligroso en ambos sentidos. Como el combustible nuclear en una central eléctrica, capaz de producir grandes beneficios si se maneja en forma correcta, causar una gran pérdida económica si se lo ignora, o dañar a todos si se lo manipula inapropiadamente.

Una clave final para equilibrar todo esto es recordar que nuestro propósito último nunca es condenar. Esa constituye una prerrogativa de Dios. Nuestro rol es evaluar y proteger, o discernir y restaurar, dependiendo de la situación y de la gente que se halle involucrada.

Líderes espirituales

Cuando se trata de los líderes espirituales (sean autoproclamados o ampliamente reconocidos), el propósito al juzgarlos es evaluar y proteger. La meta es evitar que los lobos vestidos con piel de ovejas ataquen a la manada. Así que el mensaje, las acciones y el fruto espiritual de un líder se relacionan con el juego limpio.[15] Si la vida o la enseñanza de un líder espiritual no se ajustan a las Escrituras, no ayudamos a nadie más que al falso profeta si nos quedamos callados o dejamos de señalar las inconsistencias o errores en su manera de conducirse.

Pero aun así, esto debe hacerse con la mirada puesta en los principios que gobiernan el juzgar, y que ya hemos considerado. Debemos mantenernos humildes, recordando nuestras propias fallas. Y solo hemos de juzgar en aquellas áreas sobre las que Dios ha hablado con claridad.

En cuanto a las diferencias de opinión, de estilos y a las distinciones teológicas discutibles, mejor dejemos que Dios arbitre algún día. Y cuando llegue ese día, yo estoy casi seguro que él nos mostrará cuanto nos hemos equivocado todos, especialmente en el aspecto de soportarnos con paciencia los unos a los otros y de perdonar tal como hemos sido perdonados.

Discípulos cristianos

En el caso de juzgar a nuestros compañeros cristianos, el propósito siempre es discernir y restaurar. En contraste con la prohibición a juzgar a los no cristianos, nosotros tenemos la responsabilidad de juzgarnos los unos a los otros y pedirnos cuentas. Pero el propósito siempre es arrancar de raíz el pecado o error para poder restaurar a aquel que ha caído en su telaraña.

De nuevo, debemos siempre mirarnos a nosotros mismos primero y evitar emitir juicios acerca de cosas sobre las que Dios no se ha expedido o por las que él no se interesa. Pero cuando las Escrituras son claras, no podemos ignorar el pecado. Rehusarnos a hacerlo para evitar ser etiquetados de «juzgadores» no constituye un acto de gracia; se trata de un acto de desobediencia.[16]

Juzgar con gracia

Finalmente, debemos juzgar con gracia. Cuando nuestros juicios conllevan ataques personales, amargura, o furia e ira, algo no está funcionando bien.[17]

El antiguo adagio es correcto: Odia el pecado y ama al pecador.

Pero si ustedes se parecen a mí, probablemente se pregunten cómo es posible odiar a uno sin odiar al otro. El pecado y el pecador parecen estar inexorablemente unidos, ¿no es verdad?

Francamente, ese adagio siempre me impresionó como algo que sonaba bien pero que constituía una imposibilidad práctica. Hasta que un amigo me hizo notar que yo lo estaba aplicando muy bien con respecto a una persona.

Yo mismo.

Él tenía razón. Raramente enfrento algún problema en cuanto a odiar mis propios pecados pero seguir amándome a mí mismo. De hecho, esa es una de las principales razones por las que odio mis pecados. Ellos no solo deshonran a mi Señor, sino que también me hieren y me destruyen. Y detesto ver que eso le pase a un buen tipo como yo.

> *Dios desea que juzguemos de la misma manera en que nos juzgamos y nos amamos a nosotros mismos: llamando al pecado lisa y llanamente pecado, y a la vez reaccionando con abundante gracia y misericordia.*

Este concepto del amor a uno mismo está tan natural y profundamente arraigado que Jesús lo utilizó para fundamentar la manera en que debemos amar a otros (y eso incluye a nuestros enemigos y a aquellos que están llevando adelante una agenda pecaminosa).[18] Cuando se trata de juzgarlos a ellos o a algún otro, Dios desea que juzguemos de la misma manera en que nos juzgamos y nos amamos a nosotros mismos: llamando al pecado lisa y llanamente pecado, y a la vez reaccionando con abundante gracia y misericordia. Es un mito que los cristianos no deben juzgar. Podemos y debemos. Simplemente necesitamos asegurarnos de juzgar las cosas correctas de la manera correcta.

Una comprensión apropiada acerca de cuando y cómo juzgar constituye un paso importante hacia la madurez espiritual. Sin ella, podemos acabar en uno de estos dos extremos peligrosos: hacerle un guiño al pecado, en la creencia equivocada de que no tenemos derecho a juzgar las creencias y las acciones de otros, o condenarnos involuntariamente por nuestras duras denuncias en contra de las mismas cosas con las que nosotros estamos luchando, o con aquellas que a Dios no le importan para nada.

¿PUEDEN LOS CRISTIANOS JUZGAR EN ALGÚN MOMENTO?

«No juzguen a nadie, para que nadie los juzgue a ustedes. Porque tal como juzguen se les juzgará, y con la medida que midan a otros, se les medirá a ustedes.

«¿Por qué te fijas en la astilla que tiene tu hermano en el ojo, y no le das importancia a la viga que está en el tuyo? ¿Cómo puedes decirle a tu hermano: "Déjame sacarte la astilla del ojo" cuando ahí tienes una viga en el tuyo? ¡Hipócrita!, saca primero la viga de tu propio ojo, y entonces verás con claridad para sacar la astilla del ojo de tu hermano.

«*Cuídense de los falsos profetas. Vienen a ustedes disfrazados de ovejas, pero por dentro son lobos feroces. Por sus frutos los conocerán. ¿Acaso se recogen uvas de los espinos, o higos de los cardos?*».

MATEO 7:1-5, 15-16

6 TODO SUCEDE POR ALGUNA RAZÓN

Unos cuantos años atrás a mi esposa se le diagnosticó cáncer. En ese momento las cosas resultaban desalentadoras. Decidimos optar por el apoyo en oración a costa de la privacidad, y entonces elegimos mantener a nuestros amigos y a la congregación informados de lo que estaba sucediendo.

En términos generales, estamos conformes con lo que hicimos. Pero hubo días en los que no estábamos tan seguros de ello. No era a causa de las miradas furtivas o de los gestos realizados con la cabeza. No se trataba de los susurros o repentinos silencios cuando entrábamos a algún lugar. Fueron las palabras de «aliento» bien intencionadas las que casi nos matan.

No porque no necesitáramos aliento. El Señor sabe que lo precisábamos. Pero una buena parte de lo que la gente intentaba que fuera de ánimo y de ayuda en realidad nos causaba dolor. No hacía que las cosas fueran mejores. Las volvía peores.

Como muchas personas que están en una situación similar, sufrimos una inundación de artículos, libros, informes sobre sitios Web, dietas y suplementos especiales, todo traía implícita la promesa de sanar o retardar el proceso de la enfermedad.

También incluían un mensaje sutil, pero no por eso menos claro: «Si hubieran seguido estos consejos anteriormente, no se encontrarían en los aprietos en los que están».

No teníamos ni el tiempo ni las fuerzas como para leer todos los panfletos, visitar todos los sitios Web, ni probar todos los suplementos alimentarios. Pero aprendimos una lección valiosa. El apóstol Pablo sabía exactamente lo que decía cuando dio este simple consejo para ministrar a aquellos que pasan por situaciones desesperadas: lloren con los que lloran.[1]

Sin embargo, más desconcertante aún que todos esos consejos no solicitados nos resultaba la «cháchara» de aquellos que intentaban asegurarnos de que el cáncer de Nancy era una bendición disfrazada, que constituía una parte esencial del grande y maravilloso plan de Dios para nuestras vidas.

Nunca supimos como reaccionar. Si era el mejor plan de Dios, entonces él podría guardarlo para algún otro. Estábamos dispuestos a dejarlo pasar. También notamos que ninguno de aquellos que con rapidez lo proclamaban como una bendición se mostraba deseoso de recibir la misma bendición en su vida.

Las palabras variaban, pero el mensaje era siempre el mismo: algún día nos sentiríamos felices de que esto hubiera sucedido. Nos dijeron:

• «Dios debe estar planeando algo».
• «Dios no comete errores».
• «Ustedes deben ser muy especiales para que Dios les confíe algo como esto».
• «¿No va a ser fantástico ver la manera en que Dios usa esto?».
• «¿No es bueno saber que todo sucede por alguna razón?».

En un sentido, ellos estaban en lo correcto. Independientemente de lo que suceda, Dios está al control. Él es el Rey del Universo. Y es bueno.

Pero eso no significa que él sea la causa directa de todo lo que sucede. No implica que todo lo que sucede es algo que él desea que suceda. Y definitivamente no significa que todo lo que él permite sea bueno.

Dios no hizo que Lucifer se rebelara, que Eva comiera del fruto prohibido, o que David durmiera con Betsabé. Él no mató a Abel, no construyó la torre de Babel, ni forzó a la multitud a que gritara pidiendo a Barrabás. Él no coaccionó a los soldados romanos para que mataran a Jesús. Aquellos que llevaron a cabo esas obras malignas son los que deben asumir la completa responsabilidad de sus acciones. No pueden culpar a Dios.

Adán lo intentó. No le funcionó. Pueden buscar su historia.[2]

De paso, ¿de dónde sacamos esa idea?

Como la mayoría de las leyendas urbanas espirituales, la idea de que Dios es la causa de todo lo que sucede nos llega a partir de un pensamiento basado en quimeras y en una interpretación torcida de algunas Escrituras clave. En este caso, un versículo en particular queda bajo los reflectores: Romanos 8:28.

No hay versículo que haya sido citado incorrectamente con mayor frecuencia cuando se trata de encontrarle sentido a las adversidades de la vida. Los cristianos, y hasta los no cristianos que muestran cierta inclinación por la Biblia, citan más este pasaje que todos los otros versículos tomados en su conjunto. Constituye el texto de prueba favorito para la multitud de los que sostienen que todo resulta bueno cuando uno sabe esperar lo suficiente. Está impreso en jarros de café, en carteles, en tarjetas de salutación y en todo tipo de cachivaches a los que se les agrega el nombre de Jesús.

Suena bien. Vende.

Pero Romanos 8:28 no dice, ni quiere dar a entender, lo que la mayor parte de la gente cree. Y ni siquiera se aplica a un vasto porcentaje de aquellos que se acercan buscando ser reconfortados.

Lo que Romanos 8:28 dice en realidad

Mucha de la confusión en cuanto a Romanos 8:28 se remonta a la manera en que fue traducido en el inglés shakesperiano de la versión King James: «Y sabemos que a los que aman a Dios, todas las cosas les ayudan a bien, esto es, a los que conforme a su propósito son llamados».

En una lectura superficial, eso parece implicar que todo lo que sucede forma parte de un plan general de Dios, y que la vida constituye un gigantesco rompecabezas que recién tendrá sentido cuando todas las otras piezas encajen en su lugar. Parecería decir que, si le concedemos bastante tiempo, *todas las cosas* que suceden demostrarán ser buenas o necesarias.

Pero se trata de una traducción desafortunada. Puede haber resultado adecuada a principios del 1600. No lo sé. Nunca hablé inglés shakesperiano. Pero sé que el idioma va cambiando con el tiempo. Cuatrocientos años atrás «caridad» significaba amor. Ahora significa dar dinero al que necesita. Cuarenta años atrás, cuando tildaba a alguien de tonto, mi mamá me lavaba la boca con jabón. Pero ahora cuando mis hijos llaman tonto a alguien, es casi un elogio.

> *Dios puede llevar adelante sus buenos propósitos a pesar de todo, y lo hará. Pero eso dista bastante de declarar que todo lo que sucede de alguna manera es bueno o necesario.*

Una manera más exacta de traducir Romanos 8:28 en inglés más moderno: «Ahora bien, sabemos que Dios dispone todas las cosas para el bien de quienes lo aman, los que han sido llamados de acuerdo con su propósito».

Notemos la diferencia. No dice que todo lo que sucede es bueno. Simplemente señala que Dios obra a través de todas las cosas.

En otras palabras, aún el mejor disparo del enemigo no puede frustrar el plan último de Dios. El Señor es capaz de llevar adelante sus buenos propósitos a pesar a todo, y lo hará. Pero eso dista bastante de declarar que todo lo que sucede de alguna manera es bueno o necesario.

Aquellos que atribuyen cada enfermedad, desastre económico o traición a una acción directa de Dios se encaminan por un sendero indefendible desde la lógica. Si esas cosas constituyen en realidad una expresión de la bondad de Dios, deberían haber aparecido en el jardín del Edén, antes de la caída. Y deberían jugar un papel predominante en el cielo, donde la bondad y la bendición de Dios reinan como supremas. Y sin embargo, se hace claro que ese no es el caso.

Pero notemos algo más que la mayor parte de la gente pasa por alto. Este versículo no es una promesa para todos. Ni siquiera se trata de una promesa para todo creyente. Constituye una promesa para un tipo específico de personas, para aquellos que cumplen con dos criterios importantes. Este versículo es para alguien que (1) ama a Dios y (2) ha sido llamado de acuerdo con su propósito.

¿Y quiénes son esas personas?

De acuerdo con Jesús y con los escritores del Nuevo Testamento, esos que aman a Dios son los que obedecen sus mandamientos. Los llamados conforme a su propósito son los que se han convertido en seguidores de Jesús.[3]

Eso deja afuera a mucha gente.

Deja afuera a la compañera que trabaja en la recepción, que no tiene interés en las cosas espirituales y que acaba de descubrir que su hijo menor es autista. Dios la ama. Tiene un futuro preferencial para ella (si es que se vuelve a Jesús). Pero Romanos 8:28 no dice nada con respecto a sus sufrimientos presentes.

También queda afuera el agradable muchacho del apartamento de al lado (ese al que le hemos testificado) que perdió su trabajo tres semanas antes de su boda. Asegurarle que Dios debe tener algo mejor en mente puede hacer que los dos se sientan un poco mejor. Pero se trata de una expresión de deseo. Dios no les hace tal promesa a aquellos que no siguen a Jesús, independientemente de lo agradables que sean.

Aun descarta a algunos cristianos. Si vivimos en franca desobediencia en alguna área de nuestra vida, no existe una promesa *sábana* en cuando a que Dios hará su aparición y arreglará el desastre que nuestro desafío a su mandato ha creado.

En cierta ocasión mantuve un encuentro con los padres de una adolescente embarazada, que venían para poder descubrir cómo manejar mejor la situación. En determinado momento ellos dijeron: «No estamos seguros acerca de la razón por la que Dios permitió que esto pasara, pero es bueno saber que él tenía una razón».

No dije nada. Pero pensé para mí mismo: *A menos que estemos frente a otro nacimiento virginal aquí, lo más probable es que Dios no tenga mucho que ver con este asunto.*

Desafortunadamente, estaban tan imbuidos de la leyenda urbana de un Dios que permite que solo nos sucedan cosas buenas en la vida, que nunca les entró en el cerebro que ese niño no nacido aún podría ser cualquier cosa menos un don del Señor. Sabían que su hija no debería haber dormido con su novio. Ella también lo sabía. Pero ahora que se había arrepentido, roto la relación y regresado a Dios, el Señor seguramente debía tener algo bueno bajo la manga. Por cierto, no consideraba la posibilidad de que su bebé se convirtiera en una fuente de sufrimientos y frustración, un doloroso recordatorio de su pecado.

Espero que ellos estuvieran en lo correcto.

Oré para que lo estuvieran.

Pero no podría darles ninguna garantía.

He vivido lo suficiente como para saber que los niños no son lindas mascotas; el ser padres solteros constituye una tarea muy difícil, y las consecuencias del pecado pueden ser brutales aun en presencia de la misericordia y la gracia de Dios.

Si no, preguntémosles a David y Betsabé. Por supuesto, David fue perdonado. Por supuesto, fue usado por Dios para escribir algunas escrituras luego de su pecado. Y sí, Dios sacó algo bueno de la unión de ellos, en especial un hijo sorprendente de nombre Salomón. Pero en la suma final, hubiera sido mucho mejor que él nunca hubiera puesto sus ojos en ella. El primogénito de ambos murió siendo bebé. David pasó el resto de su vida en guerra. Su familia se convirtió en algo desastroso y disfuncional. Nada de todo eso califica como un maravilloso plan de Dios para su vida.

Lo mismo sucede con un ex drogadicto amigo mío, ahora salvado, que lucha contra los síntomas de la hepatitis C. Ese ataque violento de su enfermedad no es una cosa buena. No se trata de una bendición de Dios disfrazada. Más bien deberíamos considerarla como una consecuencia trágica de sus acciones pasadas. Acciones que él ahora lamenta. Actos por los que ha sido perdonado, pero por los que de todos modos está pagando en esta vida.

La belleza y la promesa de Romanos 8:28 no es que el desarrollo de su enfermedad con el tiempo demostrará haber sido algo bueno, sino que a pesar de lo mal que se pongan las cosas, el propósito último y eterno de Dios en su vida no se verá frustrado.

No culpemos a Dios

Aquellos que suponen que todo lo que sucede tienen las huellas digitales de Dios por todos lados, fallan en distinguir entre lo que Dios permite y lo que él causa; entre lo que él deja que suceda y lo que él prefiere que sea. La Biblia señala con claridad que hay una cantidad de áreas en nuestra vida en las que pasamos por oscuras pruebas que nada tienen que ver con los planes maravillosos que Dios tenía para nosotros.

Heridas autoinfligidas

En ocasiones, las pruebas y dificultades que enfrentamos nos vienen como resultado de hacer elecciones pecaminosas. Eso no es obra de Dios. Esa es nuestra obra.

Conozco una familia cristiana que perdió su hogar a causa de una ejecución hipotecaria. Habían tomado un préstamo para comprar una casa que no estaban en condiciones de pagar. Con franqueza, lo obtuvieron mintiendo. Su agente les había dicho que inflaran la declaración de sus ingresos. Les dijo: «Todos lo hacen». Así que ellos lo hicieron.

Luego, cuando la economía se vino abajo y se desató el infierno, un amigo mutuo salió a decirles que no se preocuparan. Que estaban en las manos de Dios. Y que él no los abandonaría. Que era posible que perdieran su casa, pero que con toda seguridad el Señor tenía algo mejor en mente.

Se trataba de un consuelo falso.

La familia había mentido. Y esa mentira los había alcanzado. Dios, efectivamente, tenía algo mejor en mente. Pero no se trataba de una mejor casa. Era la honestidad, el decir toda la verdad aun cuando resultara inconveniente. Como habían fallado en vivir según el plan A de Dios, ahora se veían obligados a vivir con las consecuencias del plan B.

Vivir en un mundo caído

A veces algunas cosas malas nos suceden como consecuencia de vivir en un mundo caído. Hasta cierto punto, estamos atrapados en el efecto retrospectivo del pecado de Adán. Es inevitable. Y universal.[4]

No creo que sea coincidencia que la primera historia de la Biblia luego de la caída de Adán y Eva tenga que ver con un tipo malo que mata a uno bueno. Eso es algo que sucede en un mundo caído. La gente mala hace cosas malas y la gente buena resulta herida.

Cualquier intento por minimizar el impacto universal de la caída, o lo que es peor, suponer que los cristianos están rodeados por una burbuja de protección, no cuadra con las Escrituras. Ni con la vida.

Además, está la Madre Naturaleza. Por si no lo hemos notado, ella está de mal humor desde que Adán comió el fruto prohibido. Basta con seguir las noticias durante un par de semanas para encontrar una buena cantidad de ejemplos de su conducta arbitraria y maliciosa. En ocasiones es la más acabada niña mala.

Y no nos olvidemos de Murphy, su primo. También él se desató con la caída, y aparece sin ser invitado (pero con regularidad) solo para complicar las cosas. Adán lo conoció en la forma de las malezas que aparecieron en su jardín. Nosotros lo conocemos como la razón por la que la otra fila siempre avanza más rápido; porque todo lo que puede salir mal, sale mal; porque cuanto más tarde se nos ha hecho, más son las señales viales que nos detienen. Murphy no es un emisario de Dios. Es un legado de Adán.

Cualquier intento por minimizar el impacto universal de la caída, o lo que es peor, suponer que los cristianos están rodeados por una burbuja de protección, no cuadra con las Escrituras. Ni con la vida. Se trata de una receta que nos llevará a decepcionarnos de Dios. Cuando se trata de las consecuencias de la caída, no se nos ofrece ninguna inmunidad. Se nos ofrece eternidad.[5]

Decisiones necias

Hay una razón más por la que suceden cosas malas. A veces tomamos decisiones necias, no pecaminosas sino simplemente estúpidas.

Todos lo hemos hecho. Ya sea que hayamos fallado en comprobar bien los datos, o que al sumar dos más dos nos haya dado ocho. No tiene importancia cómo ni por qué sucedió: cada vez que tomamos una decisión estúpida, siempre fue secundada por algo malo.

Nuestras elecciones cuentan. Tienen consecuencias. El equivocarnos al elegir nuestro stock de mercaderías puede acabar con nuestra cartera de clientes. Elegir un socio inadecuado puede descarrilar el negocio. Hurgarnos la nariz puede arruinar nuestro status social. Suele suceder.

Es ridículo culpar a Dios o suponer que él saltará al ruedo para arreglar toda decisión idiota que tomemos. De hecho, la Biblia llama necios a los pensamientos de este tipo.[6]

La buena noticia no es que Dios nos prometa evitar que tomemos malas decisiones o que él arregle todo lo que destruyamos. Nos promete continuar obrando por nuestro bien eterno a pesar de que muchas veces mostremos a lo largo del camino tener un juicio de mentecatos.

Por qué eso es tan importante

La creencia acerca de que Dios es la causa directa de todo lo que sucede (y que él tiene una razón específica para ello y una bendición) no solo es falsa; tiene el potencial de producir un gran daño espiritual. Aquí incluyo algunas pocas consecuencias significativas que muestran su potencial negativo.

Enojo contra Dios

En muchos casos, el atribuirle todo a Dios lleva a desarrollar una ira injustificada en contra de él. La mayoría de nosotros conocemos a alguien que no desea tener nada que ver con Jesús o con el cristianismo principalmente a causa de alguna injusticia o gran tragedia por la que culpa a Dios.

Cuando declaramos a Dios como el causante directo de todo lo que sucede, involuntariamente le extendemos al enemigo una munición poderosa. Munición que con gusto utilizará para intentar destruir la reputación de Dios. Su argumento por lo general sigue este lineamiento: «Si Dios es el responsable de tu desastre, obviamente no es muy bueno o no es tan poderoso. ¿Por qué desperdiciar tu tiempo, entonces, en seguir a un Dios como ese?»

Se trata de una acusación que les suena bien a muchos que han sufrido, en especial a aquellos que llevan la pesada carga de una injusticia o el peso opresivo de una gran tragedia. Sin embargo, irónicamente, la creencia central que alimenta su amargura es la misma que les proporciona consuelo a aquellos que ven la mano y la bendición de Dios detrás de cada tragedia. *Los dos tipos de personas consideran a Dios directamente responsable de todo.*

La diferencia está en la manera de interpretar lo que sucede.

La multitud que cree que con el tiempo todo demostrará haber sido bueno, juzga lo que sucede a la luz de sus convicciones previas en lo referido a la bondad de Dios. La multitud de los que creen que Dios no es confiable, juzga la bondad de Dios a la luz de lo que en realidad le ha sucedido. No sorprende entonces que deriven conclusiones de lo más divergentes.

Restarle importancia al pecado

Otra consecuencia no deseada de presuponer que hay razones que han sido determinadas por Dios detrás de todo lo que sucede es restarle importancia al pecado. Seamos sinceros. No hay mayores razones de temer al pecado o sus consecuencia si todo saldrá bien al final.

Se me ha dicho que una aventura constituyó parte del plan de Dios porque la nueva unión dio como resultado un matrimonio feliz. Se me comentó que Dios debía haber orquestado una amarga división dentro de la iglesia porque eso llevó al nacimiento de un ministerio dinámico. Hasta he oído que Dios estuvo detrás de un asesinato y la subsiguiente condena porque el asesino se encontró con el Señor en la prisión.

Esa manera de pensar constituye una necedad. Dios jamás aprobó el pecado de esas personas. Él no lo causó. Ni siquiera «lo usó». Se sobrepuso a él. Eso es lo que hace la gracia.

Irresponsabilidad

Esta leyenda urbana espiritual, cuando es llevada a un extremo, puede conducir a una epidemia de irresponsabilidad. Después de todo, si Dios garantiza que todo, pasado un tiempo, obrará para bien a pesar de las circunstancias, ¿a quién le importa lo que ponemos dentro de la ecuación? Dios lo va a remendar. Tiene que hacerlo. Lo ha prometido.

He observado que semejante manera de pensar produce un patrón en el que se van asumiendo riesgos ridículos, convenientemente etiquetados como pasos de fe. Sin embargo, la mayor parte del tiempo los así llamados pasos de fe de estos *amigos* (sea asumir un tremendo riesgo económico, abandonar la carrera y mudarse a la otra punta del país, o bien apostar todas las fichas al rojo) no tiene nada que ver con seguir la guía de Dios. Él no le mandó a ninguno de ellos que hiciera algo específico. Pero de todos modos, como el necio de Proverbios, mis amigos ignoraron las señales de advertencia y el consejo de otros amigos prudentes y siguieron adelante, confiando en que si las cosas no salían bien, Dios les sacaría las papas del fuego.[7]

Lamentablemente, cuando él no lo hizo, algunos de ellos se manifestaron en contra del Señor. Pero no era una falla de Dios por no haber hecho lo necesario; era una falla de ellos por no respetar una cantidad de señales de advertencia que hubieran hecho que cualquier persona en sus cabales se detuviera, haciendo chirriar los frenos.[8]

Esperanza mal puesta

Aún otro inconveniente lo constituyen las expectativas irreales y las esperanzas fuera de lugar que esa idea tiende a producir, en particular entre aquellos de nosotros que enfrentamos un sufrimiento a largo plazo.

Recuerdo la sesión de preguntas y respuestas que siguió a una charla que di sobre «¿Dónde está Dios cuando se desata el infierno?» La madre de un muchachito severamente discapacitado se puso en pie. Su hijo sufría de ataques que ponían en riesgo su vida y que ocurrían a diario.

Al principio pareció descartar la idea de que Dios pudiera no ser el instigador directo de todo lo que le sucedía a su hijo. Declaró que al considerar la condición de su hijo como el plan de Dios para ella, eso le imprimía propósito, significado y fortaleza a su vida.

Luego, de pronto, comenzó a sollozar, con sollozos profundos y angustiados. Sus siguientes palabras revelaron el lado oscuro de su paradigma: una desilusión demoledora con respecto a Dios. «¿Cuándo va a arreglar esto?», gritó. «Ya no lo puedo sobrellevar más. ¿Por qué no me responde?».

Armada con la convicción de que la condición de su hijo era obra de Dios y que de alguna manera iba a demostrar ser algo bueno a la larga, estaba contando con un milagro en la tierra que probablemente nunca viera, en lugar de colocar su esperanza en la herencia eterna que a ella y a su hijo se les había garantizado que verían.

Se encontraba atrapada en un dilema emocional. Mientras que ella considerara a Dios como el causante directo de los ataques de su hijo, existía la posibilidad de que él los detuviera. Eso le producía una gran esperanza. Pero si era el causante directo de los ataques, también era el autor de ese infierno propio que vivía su hijo. Eso le producía un gran desaliento.

¿Puede algo malo llegar a convertirse en algo bueno?

Es obvio que existen situaciones en las que Dios toma algo malo y produce con ello algo bueno. El ejemplo más acabado es la crucifixión de Jesucristo.

Encontramos otro caso en el infortunio de José y su posterior ascenso al poder en Egipto. Resulta evidente que Dios trabajaba entre bambalinas cuando José era subastado por sus propios hermanos, acusado falsamente de intento de violación, encarcelado, listo para una liberación temprana, olvidado sumariamente, y llevado delante del Faraón para interpretar un sueño estrambótico.

Cuando los hermanos de José llegaron para clamar por misericordia a pesar de su despreciable acción de haberlo vendido a esclavitud, él les respondió con aquellas famosas palabras: «En verdad que ustedes pensaron hacerme mal, pero Dios transformó ese mal en bien para lograr lo que hoy estamos viendo: salvar la vida de mucha gente».[9]

Muchos han encontrado en esas palabras apoyo para la idea de que suceda lo que nos sucediere, eso siempre forma parte del plan de Dios para producir algo mejor. Pero notemos que José no llamó buenas o necesarias las acciones de sus hermanos. No dijo que todo sucede por alguna razón. Simplemente señaló que Dios estaba obrando a pesar de los malignos intentos de ellos.

Al mirar al pasado, todos tenemos vista de lince, y resulta fácil notar que Dios utilizó el pecado de sus hermanos para posicionar a José en un alto puesto en la corte real de Egipto. Durante ese proceso, Dios proveyó alimento para el padre y los hermanos de José, y los puso en un entorno en el que ese pequeño clan nómada pudiera crecer hasta convertirse en una gran nación.

Sin embargo, no encontramos ninguna indicación de que la fortaleza y la integridad con las que José soportó las injusticias se basara en una creencia subyacente de que Dios estaba preparando algo especial. José no tenía ninguna clave que lo indicara. Solo sabía que la justicia era la senda a recorrer y que un día eso sería recompensado, fuera en esta vida o en la eternidad.

El hecho es que, tal como sucedió con José, resulta prácticamente imposible para nosotros distinguir cuáles de los dolorosos acontecimientos de nuestra vida son resultado de una orquestación de Dios, cuáles son los que él planea usar, y cuáles los que lograremos superar recién en la eternidad.

Por ahora, en realidad eso no tiene importancia. Cada prueba o dificultad pide la misma respuesta: obediencia. Debemos hacer lo correcto independientemente del resultado. A veces, como en el caso de José, nuestra obediencia se verá recompensada durante esta vida. En otras ocasiones, será recompensada en la futura. Solo el tiempo lo dirá.

Si Dios va a recomponer las cosas algún día, ¿por qué no ahora?

Todo esto hace surgir una pregunta. Si algunas de las cosas que suceden en nuestro mundo no son lo que Dios desea, ¿por qué no les sale él al paso y asume la dirección? ¿Por qué no le baja la cortina al mal y acaba con él? ¿Por qué permanece cruzado de brazos y permite que un enemigo ya vencido actúe como el dios de este siglo?[10]

La respuesta es simple. Dios va lento porque cada día que él se demora algunos de los que eran sus enemigos se convierten en sus amigos y entran a su familia.[11]

Los teólogos seguirán discutiendo acerca de la logística y de los detalles del regreso de Jesús hasta que él aparezca. Pero todas las partes están de acuerdo en que cuando él concluya su obra, el mal será historia. Satanás estará acabado. Y aquellos que hayan ignorado a Dios o elegido el sendero de la rebelión no tendrán una segunda oportunidad.

Entonces, ¿queremos realmente que Jesús regrese mañana para hacerse cargo de las cosas?

Yo no.

Todavía tengo muchos amigos y seres queridos que no conocen al Señor. Algunos ya casi están llegando. Algunos están sobre la cerca. Algunos andan rondando por ahí, más lejanos. Pero cada día que Jesús retrasa su regreso, les está dando a esos amigos míos otra oportunidad de someterse a su gobierno. Una vez que él aparezca, la oportunidad se habrá perdido para siempre.

Mientras tanto, con todo gusto soportaré las consecuencias de vivir en un mundo caído, las repercusiones que tengan las cosas malas que la gente hace, el malhumor de la Madre Naturaleza, y hasta las consecuencias dolorosas de mi propio pecado e insensatez. Deseo que él regrese, solo que no *demasiado* pronto. Prefiero que espere hasta que más de mis amigos y seres queridos crucen la línea.

Aparentemente, hasta ahora él piensa lo mismo.

¿Aspectos positivos o un camino de obediencia?

He notado algo más. Aquellos que insisten en que Dios orquesta él mismo las cosas con un buen propósito final, pasan muchísimo tiempo buscando cuál es ese propósito. Independientemente de lo que suceda, ellos siempre andan buscándole el lado positivo. Y aun cuando no esté allí, ellos parecen encontrarlo. Me recuerdan a un amigo mío que siempre descubre caras cómicas en las nubes, aun cuando el resto de nosotros no logramos visualizarlas.

Psicológica y emocionalmente eso parecería bueno. Después de todo, puede ayudarnos a mantener un punto de vista positivo. Pero los beneficios son tan solo un espejismo que nos conduce a la decepción y a desilusionarnos cuando la verdadera realidad hace su aparición.

Cuando la vida se hace pedazos, hay algo mucho más importante que buscar los aspectos positivos. Y lo repito, es la senda de la obediencia.

El sendero de la obediencia marcha siempre por la carretera principal. Dice la verdad aun cuando la verdad produzca dolor. Se rehúsa a devolver mal por mal, aun cuando tenga la venganza a su alcance. Muestra gratitud aun cuando no haya mucho por lo que agradecer. Camina con integridad aun cuando nadie más lo haga. Hace lo correcto aun cuando lo correcto no funcione tan bien.

> *Cuando la vida se hace pedazos, hay algo mucho más importante que buscar los aspectos positivos. Y ese algo es la senda de la obediencia.*

En resumen: Dios no nos ha prometido que todo siempre vaya a «funcionar» en esta vida. Pero sí nos ha prometido que, pase lo que pase, él nunca nos dejará ni nos abandonará.[12] En Romanos 8:28 también nos prometió que independientemente de lo que la vida o el enemigo arroje en nuestro camino, los buenos y eternos propósitos de Dios nunca se verán frustrados.

Pero, por favor, dejemos de llamar obra de Dios a los mejores disparos que nos lanza el diablo. Dejemos de considerar al legado de Adán como una acción de Dios. Y ya no llamemos bueno a lo malo.

Todo eso solo le sirve al enemigo.

De paso

Mi esposa y yo encontramos una manera de reaccionar frente a los intentos (bien intencionados pero dolorosos) de «darnos aliento» durante la época en que ella tuvo cáncer.

Un día, luego de leer un correo electrónico particularmente falto de sensibilidad, proveniente de alguien que yo sabía que quería ayudar, de golpe me vino a la mente que cuando nuestros niños eran pequeños a menudo solían hacer lo mismo. Casi en todas las festividades de Hallmark, nos regalaban algo francamente horrible, por lo menos para cualquiera que no pudiera ver los sentimientos que los impulsaban. En ocasiones era un ramo mal armado de flores y hojas de dientes de león que habían recogido en el jardín. A veces un dibujo que parecía más un conjunto de manchas de tinta o una prueba del test de Rorschach. Otras, un cinturón o un pisapapeles obtenido en una feria organizada en la escuela. Casi siempre se trataba de algo que no nos gustaba o no necesitábamos.

Pero eso no tenía importancia. Para nosotros siempre era algo bello a causa de la intención que llevaba detrás. Eso era lo que hacía que el ramo de flores dispares fuese digno del más fino florero y convertía al pisapapeles de la venta de garaje en un recuerdo apreciado.

De la misma forma, una vez que aprendimos a ver más allá de la ocasional fealdad de las palabras que la gente decía con respecto al cáncer de mi esposa, y logramos apreciar la belleza del corazón que había detrás de ellas (y el mensaje que *intentaban* transmitirnos), todo cambió.

Hizo que algunas palabras dolorosas se volvieran soportables, y que algunas cosas feas no lo fueran tanto. Pero hubo algo que no pudieron hacer. Que el cáncer se convirtiera en algo bueno o en una bendición disfrazada.

¿TODO SUCEDE POR UNA RAZÓN?

Ahora bien, sabemos que Dios dispone todas las cosas para el bien de quienes lo aman, los que han sido llamados de acuerdo con su propósito.

Sin embargo, en todo esto somos más que vencedores por medio de aquel que nos amó. Pues estoy convencido de que ni la muerte ni la vida, ni los ángeles ni los demonios, ni lo presente ni lo por venir, ni los poderes, ni lo alto ni lo profundo, ni cosa alguna en toda la creación, podrá apartarnos del amor que Dios nos ha manifestado en Cristo Jesús nuestro Señor.

ROMANOS 8:28, 37-39

7 PERMITE QUE TU CONCIENCIA TE GUÍE

Yo solía realizar mucha consejería. Cada semana me encontraba con un flujo constante de individuos y parejas que intentaban abrirse paso entre las malas hierbas que crecen en la vida. Ellos venían. Yo escuchaba. Les hacía unas pocas preguntas. Luego los escuchaba un poco más. Después de un rato, si pensaba que había captado la situación, les daba algunos consejos o les mostraba algunas perspectivas. Y si no tenía respuesta, les manifestaba mi empatía.

A veces resultaba de ayuda.

A veces no.

Esa es la forma en la que funciona la consejería.

Pero hay una clase de personas a las que nunca encontré manera de ayudar. Gracias a Dios, no se presentan en gran cantidad. Pero cuando aparecen, yo no tengo idea de qué decir. Uno pensaría que ya se debería haber corrido la voz y que unos a otros se habrían pasado el mensaje: «No vayan a ver a Larry. ¡No tiene ni idea de qué decir!» Pero no. Siguen viniendo de todos modos, con la esperanza de que pueda ayudarlos a desenmarañar los líos en los que se encuentran, a pesar de todas las evidencias en contra.

¿Y quiénes son esos individuos desesperados por recibir ayuda y a la vez imposibles de ayudar?

Los miembros de la iglesia que llegan con problemas enormes creados por su propia conducta tonta o malvada, pero que insisten, inflexibles, en que nada de todo eso es por su culpa, porque no han hecho nada malo.

No hay mucho que decir cuando alguien llega con una herida que se ha infligido a sí mismo y demanda: «Arregle esto. Estoy en un lío. No es mi culpa. No he hecho nada malo». A lo que me refiero es a esto: ¿A dónde se puede ir partiendo de ahí?

Nunca logré descubrirlo.

Consideremos la Hacienda Pública

Cierta vez se presentó un hombre cuyo matrimonio sacaba chispas, y que además tenía a la policía pisándole los talones. Años atrás, él había asistido a un seminario en el que se había convencido de que la Hacienda Pública y los impuestos a los ingresos eran ilegales e inconstitucionales. Así que dejó de pagarlos y se embarcó en esa cruzada.

Para cuando nos encontramos, el gobierno se le estaba acercando. Le habían intervenido la cuenta bancaria, y embargado el sueldo. Para llevar comida a su mesa se dedicaba a realizar trabajos temporales por día (con una remuneración en efectivo), intentando esconderse y sobrevivir en medio de una economía subterránea. Su esposa, que anteriormente había consentido a sus teorías y acciones, estaba enojada, había entrado en pánico, y amenazaba con divorciarse.

A medida que presentaba sus razones y los detalles de sus acciones, yo me iba quedando estupefacto. Nada encajaba. Los había conocido a él y a su esposa por más de un año. Asistían fielmente a nuestra iglesia. Las ocasionales preguntas sagaces que él me hacía luego de algún sermón me habían llevado a considerarlo un cristiano firme, con una alta estima por las Escrituras.

Así que imaginé que un buen punto de comienzo podría ser revisar lo que la Biblia decía acerca de pagar los impuestos.

Pero estaba equivocado.

Luego de considerar varios pasajes que exhortaban claramente a los seguidores de Cristo a someterse a las autoridades gubernamentales y pagar sus impuestos, él los desestimó.

«Usted no entiende», dijo señalando su carpeta del seminario y una enorme pila de argumentos y artículos de apoyo. «La Hacienda Pública no tiene un derecho legal a sacarnos nuestro dinero. Cuando uno les paga a ellos, entonces apoya una práctica ilegal y a un gobierno corrupto. ¿Cómo puede justificar eso?»

Decidí mostrarle más versículos, en esta ocasión señalando que Jesús había pagado impuestos de los que técnicamente estaba exento, y que Pablo alentaba a sus lectores a pagar impuestos destinados al impío Imperio Romano.[1] Pero fue en vano. Creo que podría haberle mostrado mil versículos más, y con eso no habría logrado nada.

Jiminy Cricket

No importaba lo que la corte, los expertos legales, la Biblia o cualquier otra persona dijera. Aquel evasor de impuestos no tenía escrúpulos ni legales ni morales en cuanto a sus acciones. En una escala del uno al diez, él se sacaba un doce en cuanto a su grado de certeza con respecto a sus actitudes. Estaba completamente seguro de no haber hecho nada equivocado; por una simple razón: Había comprado el código de ética de Jiminy Cricket. Confiaba en su propia conciencia por encima de todo lo demás. Estaba convencido de que eso constituía su mejor y más confiable guía de moralidad. Mientras él tuviera la conciencia tranquila y una sensación de paz interior con respecto a su decisión, el asunto estaba cerrado.

«En última instancia», me dijo, «tengo que permitir que la conciencia sea mi guía. Después de todo ¿no es para eso que Dios me la dio?»

«Bueno, no en realidad», le respondí.

El mito de que la conciencia es confiable

Yo cuento esta historia porque a la mayoría de nosotros nos cuesta imaginar cómo es posible que alguien sea tan necio. Debido a que no podríamos visualizarnos a nosotros mismos en el plan de ignorar toda esa abundancia de decisiones de la corte y de escrituras absolutamente claras para lanzarnos contra el gobierno federal en una batalla inútil, lo tachamos de idiota.

Pero no nos apresuremos.

Es probable que tanto ustedes como yo hayamos tomado decisiones propias y emitido juicios morales usando los mismos razonamientos y presuposiciones centrales que utilizó mi amigo al eludir sus impuestos. Solo que nosotros los hemos aplicado a otros conjuntos diferentes de datos y cuestiones.

Como aquel evasor de impuestos, a muchos de nosotros se nos enseñó a confiar en nuestra conciencia como un indicador interno, dado por Dios, de lo que está bien y de lo que está mal. Cuando nos encontramos con algún dilema moral difícil, nos volvemos a ella. Si tenemos paz con respecto a nuestra decisión o acción (léase una ausencia de culpa), suponemos que debemos estar en lo correcto. De otro modo, nuestra conciencia, con toda seguridad, nos habría hecho saber que algo no andaba bien.

Pero ese pensamiento refleja una mala comprensión fundamental del rol que tiene nuestra conciencia y de la manera en que funciona en realidad. La idea de que nuestra conciencia constituye una guía moral confiable es un mito. Otra de las leyendas urbanas espirituales que, a pesar de estar ampliamente difundida, no encuentra apoyo ni en las Escrituras ni en la forma en que funciona la vida en realidad.

Termómetros y termostatos

El problema es que muchos de nosotros imaginamos que nuestra conciencia funciona como un termómetro espiritual. Suponemos que si lo colocamos en cualquier situación, nos señalará la temperatura moral: demasiado caliente, demasiado fría o justo en su punto. Pero así no funciona nuestra conciencia. No se trata de un termómetro espiritual sino de un termostato espiritual.

La diferencia es considerable. Los termostatos no definen el grado de calor o de frío. Reflejan nuestra definición de lo que es caliente o frío. Los graduamos para que respondan como deseamos.

Mi esposa y yo, al igual que muchas parejas, tenemos dos definiciones muy distintas de lo que resulta «confortable». Cuando yo pienso que el ambiente es sofocante, ella se queja de que está demasiado frío. A lo que yo llamo aire fresco, ella lo denomina ráfagas del Ártico. Así que no es de sorprender que a menudo nos hallemos en medio de un tira y afloja con respecto al termostato.

Es por eso que morí de la alegría cuando compramos un automóvil con una climatización dual. Ya no necesitábamos llegar a «arreglos». No había necesidad de hacer ajustes furtivos cuando el otro no miraba. Cada uno de nosotros podía graduar su termostato personal según el propio gusto, y luego reclinarnos y disfrutar del paseo.

Generalmente el mío está entre los 20 y los 22 grados. Si la temperatura de mi lado sube más de eso, activa el acondicionador de aire.

> *Nuestra conciencia no nos señala que estemos violando los parámetros de Dios. Nos indica que estamos violando nuestros propios parámetros.*

Pero del otro lado del automóvil, la historia es muy diferente. Nancy gradúa su termostato a 24 grados (o tal vez a 26 o 27, no lo sé; pero estoy seguro de que es lo bastante caliente como para cocinar avena). Así que cuando de su lado se pone demasiado cálido para lo que yo considero confortable, no pasa nada. Allí está su termostato para hacerse cargo.

Ahora bien, supongamos que yo llevo de regreso mi automóvil a la concesionaria para quejarme de que el costado de Nancy se recalienta demasiado. El mecánico quedaría desconcertado. Sin duda me explicará que esa es la forma en que se ha diseñado el funcionamiento de los termostatos. Ellos no definen lo que es caliente o frío. Somos *nosotros* los que lo determinamos. Ellos solo responden a nuestras definiciones.

Esa es exactamente la manera en que funciona nuestra conciencia. Se trata de un termostato espiritual. Lo ajustamos a los patrones que elegimos. Determinamos cuando debe activarse y cuando debe permanecer inactivo. No nos señala que estemos violando los parámetros *de Dios*. Nos indica que estamos violando *nuestros* propios parámetros.

Una moralidad de subibaja

Nuestra conciencia también es fácil de graduar. Simplemente echemos una mirada al espejo retrovisor de la vida. La mayoría de nosotros (quizá todos) podremos identificar acciones y actitudes que alguna vez consideramos erradas pero que ahora no nos producen ni la más mínima sensación de culpa. Lo mismo sucede con cosas que antes aprobábamos pero que ahora no vemos con buenos ojos.

Me di cuenta por primer vez de lo flexible que era mi propia conciencia durante mis primeros años de cristiano. Luego de un giro radical hacia la fe, deseaba hacer todo lo que pudiera para seguir la guía de Dios. No pasó mucho antes de que comenzara a realizar algunos cambios significativos de estilo de vida, para alinearme con los nuevos valores y parámetros que supuestamente estaba aprendiendo de la Biblia.

Sin embargo, había un problema. Una gran cantidad de las cosas que me habían dicho que habían sido tomadas de la Biblia en realidad no se encontraban allí. Como notarán, algunos de mis primeros mentores espirituales eran legalistas. Tenían muchísimas reglas. Algunas provenían de la Biblia. La mayoría no. Pero yo era demasiado nuevo en las cosas de Jesús como para notar la diferencia. En mi celo por seguir a Dios, me tomaba a pecho cuanto ellos decían.

Como resultado, mi conciencia, recientemente sensibilizada, comenzó a molestarme por muchas cosas que nunca me habían afectado. Me sentía culpable no solo cuando me veía tentado a mentir o a engañar, sino también cuando alguien cortaba un mazo de naipes, cuando otro miraba una película, escuchaba música rock o (horror de horrores) la bailaba. O cuando participaba en una cantidad de diferentes cuestiones de las que me habían dicho que eran «mundanas».

Mi termostato espiritual había pasado por un ajuste de calibrado. Pero no permaneció en ese punto por mucho tiempo.

Al continuar creciendo en la fe y comenzar a leer la Biblia por mí mismo (entendiendo lo que leía) descubrí que muchas de aquellas cosas sobre las que me habían entrenado para sentir culpa al practicarlas no se ajustaban a las Escrituras. Me sorprendí al descubrir que Jesús había convertido el agua en un Merlot aceptable, que un espíritu duro y juzgador es más peligroso que un mazo de cartas, y que Dios se preocupaba más por lo que había en mi corazón que por lo que tenía en la refrigeradora.

El resultado fue que pasé por un nuevo reajuste mayor de mi conciencia.

Sin embargo, durante un tiempo me sentí más confuso que nunca. Ahora había tres parámetros distintos procurando ganarse mi lealtad: mis viejos valores pre cristianos, mis más recientes valores legalistas, y mis nuevos valores basados en lo que la Biblia en realidad dice.

Aunque les di la espalda a las enseñanzas legalistas de mis primeros mentores, sus voces todavía me susurraban al oído. Al mismo tiempo, las nuevas perspectivas basadas de las Escrituras me señalaban hacia otra dirección. Con toda franqueza, en muchas ocasiones no tenía idea acerca de si mis pensamientos y convicciones provenían del Espíritu Santo, eran incentivados por mi conciencia, o meramente se trataba de un viejo disco que todavía seguía resonando en mi cabeza.

Apuesto a que ustedes han experimentado algunos de estos cambios de conciencia tipo subibaja. Prácticamente todos lo hacen. Y eso, de por sí, debería detenernos y hacer que no consideráramos a nuestra conciencia como un barómetro confiable en cuanto a espiritualidad y ética. Resulta demasiado flexible para que podamos contar con ella como autoridad absoluta.

Pero existen aún otros peligros merodeando en las sombras, otras razones poderosas por las que nunca es una buena idea permitir que la conciencia se convierta en nuestra guía, o confiar en ella como el árbitro final de lo que está mal o está bien, aun cuando pensemos que la hemos alineado cuidadosamente con las Escrituras.

Más razones por las que no podemos confiar en nuestra conciencia

Quizá el pasaje más esclarecedor de la Biblia en lo que respecta a lo incompetente que es nuestra conciencia es el que encontramos en 1 Corintios 4:3-4. En este pasaje el apóstol Pablo defiende las motivaciones y métodos de su ministerio ante un grupo de críticos. Lo que dice sobre su conciencia resulta asombroso: «Por mi parte, muy poco me preocupa que me juzguen ustedes o cualquier tribunal humano; es más, ni siquiera me juzgo a mí mismo. Porque aunque la conciencia no me remuerde, no por eso quedo absuelto; el que me juzga es el Señor».

La primera vez que leí este pasaje, quedé sorprendido. ¿Cómo podría el apóstol Pablo no estar satisfecho con una conciencia limpia? Si alguien podía contar con que su conciencia estuviera alineada con las Escrituras y con el sistema de valores de Dios, ese era el apóstol Pablo. ¡Él no solo conocía la Biblia sino que estaba escribiendo una buena parte de ella!

Pero cuanto más consideraba yo sus palabras dentro del contexto mayor de las Escrituras, más sentido les encontraba. Él tenía muchísimas buenas razones para no confiar en su conciencia como árbitro final. También nosotros.

Veamos si no coinciden ustedes conmigo.

Nuestra naturaleza pecaminosa y nuestros puntos ciegos

Desde la caída de Adán, todos hemos nacido con lo que los teólogos denominan una naturaleza pecaminosa. Convertirnos en seguidores de Cristo nos da el poder para superarla, pero de ninguna manera la erradica. Como todo cristiano de larga data sabe, no se trata de una batalla que se gana de la noche a la mañana. Se trata de un proceso que va etapa por etapa, con algunos reveses significativos a lo largo del camino.

Para empeorar las cosas, nuestra naturaleza pecaminosa no se muestra solo como un deseo de vivir egoístamente y hacer cosas equivocadas. También se deja ver en la manera en que pensamos. En otras palabras, lo envuelve todo en una neblina, incluyendo nuestra comprensión de las verdades espirituales y de la guía de Dios.

Eso explica por qué dos cristianos entregados a Dios y que quieren conocer su guía pueden llegar a conclusiones diametralmente opuestas con respecto a lo que Dios desea. Nuestra naturaleza pecaminosa crea ruidos en el canal de comunicación y nos tortura en cuanto a nuestros propios ángulos ciegos. El grave problema es que no siempre reconocemos ese ruido de la estática y tampoco sabemos dónde están los puntos ciegos. (Por eso mismo se los llama puntos ciegos).

El apóstol Pablo no era diferente de nosotros.

Allí estaba ese hombre que sabía lo que era caminar en el Espíritu, recibir visitaciones divinas, experimentar un poder sanador milagroso, conocer el pensamiento de Dios lo bastante bien como para escribir la Palabra de Dios. Pero al mismo tiempo él batallaba en contra del mismo poderoso enemigo que tenía dentro, al igual que nosotros.[2]

En varios momentos de su labor apostólica, malinterpretó la guía del Señor, oró pidiendo cosas que Dios no quería que él recibiera, se desalentó y hasta perdió la esperanza de salir con vida. También falló en cuanto a ofrecer la misma gracia y segundas oportunidades que él mismo había recibido (cuando uno de sus jóvenes ayudantes se echó atrás en medio de un viaje misionero difícil), protagonizó una división enconada con su principal mentor, confió en personas para nada confiables, y estableció algunas iglesias muy disfuncionales (por lo que tuvo que escribir todas esas cartas que aparecen en el Nuevo Testamento).[3]

En otras palabras, era cabalmente humano. Había recibido la salvación, fue utilizado de una manera sorprendente, era un gigante espiritual, pero al mismo tiempo se lo veía absolutamente humano. Y fue ese reconocimiento de su humanidad y naturaleza caída lo que lo llevó a no depositar demasiada confianza en su limpia conciencia.

Me imagino que si un apóstol no confiaba plenamente en su propia conciencia, yo no debería ponerle muchas fichas a la mía tampoco. ¿No están de acuerdo?

Un mal software

Existe aun otro peligro que se presenta al permitirle a nuestra conciencia convertirse en nuestra guía. Lo mismo que en una computadora, nuestra conciencia no es mejor que los datos en los que se basa. Lamentablemente, puede estar sujeta a una programación deficiente. Y dado que nuestra conciencia no es más confiable que los parámetros por los que ha sido calibrada, podemos acabar sintiéndonos bien acerca de algunas cosas que son malas en realidad.

Como lo mencioné con anterioridad, antes de ser cristiano vivía guiándome por un conjunto de valores morales que ahora sé que son defectuosos. Luego, cuando crucé la línea para seguir a Cristo, aquellos valores fueron reemplazados por otro conjunto de ideas tontas provenientes de mis amigos legalistas. En cada uno de los casos yo pensaba que estaba viviendo según la verdad. Pero no era así. Mi conciencia no estaba funcionando bien. Era como tener una unidad de GPS con el software enredado. Me señalaría con toda confianza dónde ir y cómo hacer, pero la mayor parte de lo que me dijera sería erróneo. Como resultado, yo tomaría algunas decisiones tontas (y pecaminosas) que, sin embargo, irían acompañadas de una conciencia perfectamente tranquila.

Para empeorar las cosas, al igual que mucha gente, yo recibía la mayor parte de los consejos sobre moralidad de aquellos que me rodeaban. Supuse que la mayoría no podía estar equivocada. Y si lo estaba, seguramente Dios comprendería. Pero eso también era necio. Ser mayoría no equivale a tener moralidad. Dios no promete en ningún lado que si hay bastante gente que va por el sendero equivocado, él lo va a convertir en el sendero correcto. De hecho, se podría argumentar que la mejor manera de determinar la voluntad de Dios o un curso de acción correcto sería realizar una encuesta de opinión y luego hacer exactamente lo contrario.

Sin embargo, la poderosa influencia y la atracción gravitacional de la mayoría es difícil de quebrar, lo que nos deja a muchos de nosotros con una conciencia mal informada y pobremente programada. Ahora bien, si agregamos a eso los falsos maestros y los mentores descarriados a los que ocasionalmente les permitimos acceder a nuestra vida, y nuestra susceptibilidad a los puntos espirituales ciegos, resulta obvia la razón por la que el código de ética de Jiminy Cricket (que permite que nuestra conciencia sea la que nos guíe) puede no resultar una buena idea después de todo.

Un corazón encallecido

Hay todavía una característica más de nuestra conciencia que hace que resulte peligroso confiar en ella. Con el tiempo, desarrolla callos. Ahora bien, un callo no es algo malo cuando uno es un guitarrista o un corredor de distancia. Permite que uno toque la guitarra por horas o que corra muchos kilómetros una vez que se pierde la sensibilidad normal al dolor.

Pero una conciencia encallecida es una cuestión distinta. Una vez que nuestra conciencia pierde su sensibilidad, no sirve para nada.

Muchos de nosotros hemos experimentado el encallecimiento de nuestra conciencia en una cierta medida. Pensemos en aquellas cosas que nos hicieron sentir culpables la primera vez que las hicimos. Si continuamos haciéndolas, lo más probable es que nuestra sensación de culpa desaparezca para siempre. Y entonces nos quedamos con la conciencia tranquila. Pero eso no significa que nuestras acciones merezcan alabanza. Simplemente implica que nuestra conciencia se ha desensibilizado hasta el punto en que ya no responde al estímulo.

Lo que empeora las cosas, una vez que nuestra conciencia se ha encallecido lo bastante sobre algunas acciones en particular, es que nos resulta casi imposible comprender el punto cuando otros intentan señalar lo errado de nuestra conducta. Sencillamente hemos dejado de captarlo. Nuestra capacidad de sentir culpa se ha desvanecido.

En cierta ocasión me reuní con un hombre en nuestra iglesia (lo llamaré Nick) que había venido a Cristo algunos años antes. Nos encontramos porque había salido a la luz que tenía un gran acopio de material pornográfico. Para mi sorpresa, él se mostró incrédulo en cuanto a que su nueva esposa o cualquiera de nosotros en la iglesia pudiera considerar que había algo malo en su colección «erótica».

«Todos los muchachos tienen la suya», me dijo. Y lo decía en serio.

Al hablar, se hizo obvio que Nick tenía una adicción sexual muy arraigada y de larga data. Los amigos de su entorno anterior al cristianismo no veían nada malo en la pornografía, y sus actuales compañeros de trabajo tampoco. Desde su punto de vista, todos los muchachos miraban pornografía; y sucedía que él tenía una mejor colección que la mayoría.

Al principio me quedé mudo por el asombro. ¿Cómo era posible que no sintiera nada de vergüenza o culpa? Pensé que tal vez el considerar más detenidamente la verdad y algunas Escrituras muy claras podrían conducirlo a dar un paso adelante. Después de todo, este hombre se llamaba a sí mismo cristiano.

Pero cuanto más hablábamos, más claro se hacía. Su conciencia estaba mal informada. Se había encallecido. Y ningún tipo de información, de versículo bíblico o de verdad espiritual lo haría cambiar de idea. Se le había formado un callo demasiado grueso. Sus años de ignorar los gritos, luego los llantos lastimeros, y finalmente los últimos intentos de susurro de su conciencia lo habían dejado incapacitado como para sentir ni siquiera un ápice de culpa. Lo único que le había quedado era una justificación por su pecado.

Después de un rato le pedí que volviéramos a los primeros recuerdos de su experiencia con la pornografía. Me dijo que estaba en el séptimo grado cuando se tropezó con una pila de revistas que pertenecían a su papá. Y cuando se sintió presionado, finalmente admitió que se había sentido sucio y avergonzado las primeras ocasiones en que las había hojeado. Pero no pasó mucho hasta que los sentimientos de vergüenza comenzaran a disiparse, sobrepasados por la excitación de la carga sexual y la liberación que acompañaban a sus frecuentes incursiones por el armario de su papá.

Ahora, años después, la pornografía se había convertido en un aspecto aceptable de su vida. No solo no se sentía culpable, sino que no podía imaginar por qué alguien debería sentirse así.

Y esto es lo curioso. En todas las otras áreas de la vida de Nick, parecía que Dios había realizado una importante limpieza. Cuando se trataba de asuntos de misericordia y justicia, ahí estaba él. Cuando tenía que ver con mostrar un corazón servicial hacia los demás, él era el primero de la fila. Cuando se hablaba de sinceridad e integridad, él no podía soportar la más ligera distorsión. Y como lo señalaba con orgullo, diezmaba sobre sus ingresos brutos.

Cuando le pedí a Nick que me diera las razones para su uso incondicional de la pornografía, a la luz de los estudios bíblicos y sermones que había escuchado durante los últimos tres años, me dijo que yo estaba ateniéndome a las instrucciones, y que él y yo sabíamos que nadie creía en esas cosas. De hecho, él supuso que yo tenía mi propio acopio, o por lo menos algunos pocos sitios Web favoritos.

Al insistirle en que se bajara voluntariamente de esa postura, y cuando le ajusté los tornillos de la rendición de cuentas, Nick salió disparado. Nunca lo he vuelto a ver.

Admito que Nick constituye un ejemplo extremo de conciencia encallecida. Quizá la más encallecida con la que me he cruzado. Pero al haber tratado con cientos de versiones más suavizadas de lo mismo, he llegado a la conclusión de que montones de personas que desean permitirle a su conciencia que las guíe no tienen idea de que esta no funciona muy bien que digamos.

Podemos constatarlo en cualquier prisión. Descubriremos que está llena de gente que permitió que su conciencia la guiara, lo que produjo consecuencias nefastas. Pero, lamentablemente, es factible encontrar lo mismo en muchas de nuestras iglesias.

> *Podemos constatarlo en cualquier prisión. Descubriremos que está llena de gente que permitió que su conciencia la guiara, lo que produjo consecuencias nefastas. Pero, lamentablemente, es factible encontrar lo mismo en muchas de nuestras iglesias.*

Estoy pensando en algunos hombres de negocios a los que conozco que ya ni piensan dos veces en cuanto a faltar a su palabra (o quebrantar la ley) para lograr que un trato funcione o para cerrar una venta. Me dicen que eso es lo que se necesita para tener éxito. Tachan de tontos idealistas a aquellos que los objetan, mientras continúan jugando con cartas marcadas en los negocios.

Pienso en los borrachos «funcionales» y en los fumadores de hierbas «por recreación» que he conocido, y que incondicionalmente defienden su derecho a «relajarse» en tanto que no lastimen a nadie, totalmente ajenos al sufrimiento de aquellos más cercanos a ellos, mientras su conducta les destruye el matrimonio, la familia o la carrera.

¿Y qué de la inmensa cantidad de parejas cristianas que declaran que la pureza sexual no es algo realista y que el poner restricciones a vivir juntos pertenece a una «antigua escuela»?

Todos esos individuos tienen una cosa en común. Defienden sus acciones como apropiadas. Están convencidos de que Dios lo comprende, si es que no lo aprueba abiertamente. Muchos en realidad lo dicen en serio. Sus conciencias están tranquilas. Pero la mayor parte de las veces tienen la conciencia tranquila porque ya no funciona.

¿Y entonces para qué sirve?

Esto hace surgir una pregunta. Si nuestra conciencia es tan poco digna de confianza, ¿para qué nos sirve?

> *Cuando se la entiende correctamente y funciona en forma adecuada, nuestra conciencia constituye un instrumento valioso de alerta temprana.*

Para empezar, es un importante sistema de alerta temprana. A menos que se la haya descuidado e ignorado hasta un punto en el desarrolló un grueso callo, ella nos informa de una manera confiable cuando estamos a punto de violar *nuestros propios* parámetros morales. Sea que nuestros parámetros estén o no alineados con los de Dios, aún así tiene un gran valor el saber que estamos a punto de cometer algo que consideraríamos cuestionable en nuestros momentos de sano juicio. Su invitación a detenernos y reconsiderar las cosas nos evitarían muchos sufrimientos, en especial si tenemos en cuenta que cada viaje al abismo comienza dando unos pocos pasitos dentro del cañón.

La facilidad de nuestra conciencia para reajustarse es también algo bueno. Significa que tenemos la capacidad de realinearnos permanentemente con las Escrituras si así elegimos hacerlo. Cuanto más adecuadamente lo llevamos a cabo, mayor se vuelve nuestra habilidad de reconocer y evitar los señuelos engañosos del pecado.[4]

Cuando se la entiende correctamente y funciona en forma adecuada, nuestra conciencia constituye un instrumento valioso de alerta temprana. Como la luz roja, o la amarilla, del semáforo, nos indica que debemos desacelerar, ser cuidadosos, o clavar los frenos. Y cuando lo hacemos así, es tiempo de tomar en consideración las Escrituras antes de proseguir.

Pero hay una terrible luz verde. Y es cuando aquellos que permiten que su conciencia se constituya en su guía definitiva y en el árbitro último de lo que está bien o está mal y entonces se meten en los peores problemas. Como ya hemos visto, aun los apóstoles no consideraban que tener la conciencia tranquila aseguraba la aprobación de Dios. Tampoco deberíamos hacerlo nosotros.

¿DEBERÍA LA CONCIENCIA SER NUESTRA GUÍA?

Porque aunque la conciencia no me remuerde, no por eso quedo absuelto; el que me juzga es el Señor. Por lo tanto, no juzguen nada antes de tiempo; esperen hasta que venga el Señor. Él sacará a la luz lo que está oculto en la oscuridad y pondrá al descubierto las intenciones de cada corazón. Entonces cada uno recibirá de Dios la alabanza que le corresponda.

1 CORINTIOS 4:4-5

Nada hay tan engañoso como el corazón. No tiene remedio. ¿Quién puede comprenderlo?

JEREMÍAS 17:9

8 DIOS NOS TRAE BUENA SUERTE

Como pastor, me gusta caminar por el frente de la iglesia luego de un servicio de adoración y estar disponible para cualquiera que desee hablar conmigo. Eso acaba con la costumbre de esconderse tras el escenario, como una estrella de rock, o de pararse junto a la puerta de salida, como estableciendo una especie de línea de recepción.

Siempre resulta una experiencia interesante. Nunca sé qué esperar. En ocasiones, recibo una cantidad de preguntas. En otras, pedidos de oración, o alguien me plantea un debate sobre distintos matices teológicos. A veces los que esperan forman largas filas. Y a veces son tan cortas que me pregunto si es que pensarán que tengo piojos.

Pero hay una constante. La gente que realiza el esfuerzo de acercarse y hablar a menudo está tratando de abordar cuestiones serias. Tienden a ir directo al punto. No se da toda una conversación periférica alrededor de Dios ni se producen «charlas cristianas». Nadie parece preocuparse mucho por el protocolo social o por causar una buena impresión cuando están en medio de un infierno. Las conversaciones por lo general son crudas, directas, convincentes y hasta cargadas de emoción.

La mayor parte de las veces me encantan. Esa es la razón por la que entré al ministerio. Pero tengo que admitir que hay momentos en que se desbordan. En ocasiones deseo tener un invernadero en el que esconderme o una inocua línea de recepción en la que pararme a saludar. Seguramente eso me evitaría tratar con gente como Tim.

Tim hizo su aparición un día en que la fila de los que querían hablar conmigo era inusualmente larga. Al ir avanzando en mi atención a la gente, noté que él se había parado a un costado. Resultaba obvio que estaba ansioso por llegar hasta mí, pero también era evidente por su postura que quería asegurarse de ser el último. Me llamó la atención, porque cada vez que la gente apunta a ser la última de la fila, eso no constituye un buen indicio. En general significa que están pasando por una situación particularmente desastrosa; o que se sienten molestos por algo y yo voy a ser el receptor de una diatriba airada.

En el caso de Tim, la mirada dura, los brazos cruzados y la tensión de su lenguaje corporal lo delataban. Estaba enojado. Así que cuando finalmente le llegó el turno, me preparé, preguntándome qué sería lo que yo o alguna otra persona de la iglesia habríamos hecho para airarlo de esa forma.

Pero, para mi sorpresa, no estaba enojado conmigo ni por nada que hubiera sucedido en la iglesia. Estaba enojado con Dios. En realidad, estaba furioso con Dios. Tan pronto dije: «Hola, ¿cómo va?», lo soltó todo.

Los exabruptos de Tim

«¡Me… en su Dios de….!», exclamó. «Se acabó. Tu Jesús no me ha hecho ni un pizca de bien. Intenté comportarme mejor. Hasta traté de cumplir con la endemoniada cuestión de diezmar. No funcionó.

Acabo de perder mi trabajo. Mi esposa necesita una cirugía, y ahora no tengo ningún seguro de salud. ¿Dónde estaba su…. Dios cuando yo lo necesitaba?

Y se quedó allí, mirándome, con los brazos cruzados.

En un principio no supe cómo responderle. No sabía qué era lo que él buscaba. ¿Esperaba que su lenguaje de carrero me impresionara? ¿Pensaba que yo iba a darle una respuesta profunda? ¿Su fría mirada constituía un intento de engancharme en una lucha de miradas, como en los primeros años de la escuela secundaria?

No tenía claves. Pero estaba seguro de algo. Él no tenía interés en entrar en un debate racional sobre su situación y sobre el rol que el seguir a Jesús podría o no haber jugado en ella.

Luego de un silencio largo y embarazoso, decidí dejarlo ganar el desafío de miradas. Le dije algo, aunque no recuerdo qué. (Después de todo, sus palabras resultaron por lejos más memorables y coloridas que las mías). Entonces, mientras yo intentaba calmarlo, él dejó salir más de lo mismo a borbotones. Pero no sirvió de nada. Obviamente solo deseaba descargarse. Finalmente, luego de algunas explosiones más, dio media vuelta y salió como un vendaval.

Nunca volví a verlo.

A simple vista podría parecer que el arrebato de ira de Tim había sido provocado por aquella serie de duros quebrantos y sucesos desafortunados que habían signado su vida. Pero en realidad no era eso lo que lo había llevado a estallar. Muchas personas enfrentan situaciones semejantes, o peores, sin atacar a Dios ni a los demás.

No, lo que le había hecho saltar los fusibles había sido todo un conjunto de expectativas poco realistas e infundadas con respecto a lo que implicaba seguir a Dios y a lo que debía suceder cuando nos aventurábamos a hacerlo. Él pensaba que vivir la vida a la manera de Dios le traería buena suerte. Suponía que Dios extendería la mano e inclinaría la balanza hacia su lado, que la vida resultaría mejor y más fácil que antes. Cuando ocurrió lo opuesto, se sintió estafado. Dios le había prometido una cosa y luego le había dado otra.

¿Dios nos proporciona una mejor suerte?

La comprensión de Tim era equivocada. La Biblia no nos hace tal promesa. Aunque hay algunos versículos que hablan de que la justicia produce bendiciones temporales, al leerlos dentro del contexto de las Escrituras en su conjunto, podríamos argumentar que el seguir a Dios tiene las mismas probabilidades (sino mayores) de empeorar nuestra suerte que de mejorarla, por lo menos a corto plazo.[1]

En lo que respecta a Jesús, nunca les prometió a sus seguidores una larga racha de la mejor suerte o de éxitos terrenales. Prometió perdón. Prometió eternidad. Pero, ¿ganar la lotería, obtener promoción en el empleo, tener una buena salud y acumular riquezas?

No exactamente.

A menos que el llevar la cruz y ser mal interpretados, perseguidos, odiados, golpeados y muertos se consideren señales de buena suerte y éxito. Y si eso es lo que pensamos, sería una buena idea ponernos en la lista de las citas de consejería lo antes posible.

Un mito antiguo y corriente

Aunque la selección de adjetivos de Tim resultó inusual, sus suposiciones en cuanto a Dios no lo eran. Muchos de nosotros tenemos sus mismos sentimientos. Esperamos que al vivir según Dios, la mayor parte de las cosas funcionen (leámoslo como tener *buena fortuna*). También presuponemos que una rebelión declarada en contra de Dios ocasionaría que la vida se desbaratara.

> *Jesús prometió perdón. Prometió eternidad. Pero, ¿ganar la lotería, obtener promoción en el empleo, tener una buena salud y acumular riquezas? No exactamente.*

Resulta claro que esa no es la forma en que funciona la vida siempre, y entonces la idea de que Dios nos proporciona una mejor suerte pasa a ser una más dentro de la larga lista de leyendas urbanas espirituales. Si la consideramos en forma superficial, la idea parece tener sentido. Aparenta ser razonable. Y es algo que a todos nos gustaría creer que ocurrirá.

Pero simplemente no es verdad.

De paso, no somos los primeros embaucados por este mito. Tiene una larga trayectoria en cuanto a inducir a error al pueblo de Dios. Fue por eso que la esposa de Job le dijo a su marido que maldijera a Dios y se muriera luego de aquella horrenda seguidilla de mala racha. Y fue por eso que los amigos de Job estaban convencidos de que él debía haber hecho algo terriblemente malo para echarse encima tamaño infortunio.[2]

Quizá la más poderosa articulación de pena y confusión que ha producido este mito sea la que encontramos en un documento escrito miles de años atrás por un israelita frustrado por el éxito de los impíos y los largos infortunios de aquellos que intentaban vivir a la manera de Dios. Su nombre era Asaf, y sus pensamientos no se perciben para nada diferentes de los de Tim, aunque su selección de palabras resultó mucho más apropiada. «En verdad, ¿de qué me sirve mantener mi corazón limpio y mis manos lavadas en la inocencia, si todo el día me golpean y de mañana me castigan?»[3] Pero antes de darle la espalda a Dios (él menciona en otro lugar que sintió una gran tentación en cuanto a eso), Asaf hizo algo que ni Tim ni la consternada esposa de Job hicieron. Buscó comprender. Le llevó sus quejas a Dios y esperó una respuesta.

Entonces, un día, mientras entraba al santuario de Dios, de repente entendió. Por primera vez captó plenamente el destino eterno de los impíos. Vio su rápido y terrible final. De pronto su difícil situación no le pareció tan injusta ni el trato que le había tocado tan malo.[4]

Escupir contra el viento

Resulta comprensible que muchos de nosotros supongamos que el estar del lado de Dios nos traerá una mejor suerte y éxito. Tiene sentido. Solo un idiota escupe contra el viento. Solo un tonto se enfrenta a Dios. Esperamos que los que lo hacen pronto paguen por ello. A la mayoría de nosotros nos resulta difícil entender por qué Dios se cruza de brazos y les permite a los impíos prosperar mientras estos se burlan de él y fastidian a su pueblo. Nosotros no lo permitiríamos si fuésemos Dios. Entonces, ¿por qué él lo hace?

Resulta evidente que eso es lo que él hace a veces. Y si nosotros partimos de la suposición de que no lo hará (o no debería hacerlo), el enemigo nos tiene justo donde nos quiere: listos para las angustias espirituales que nos sobrevendrán cuando estemos contando con promesas que Dios nunca ha hecho e ignorando las realidades que no queremos ver. Es un lugar peligroso para quedarse allí. Preguntémosle a Asaf. O a la esposa de Job. O a Tim.

Como lo señalamos antes, no fue un accidente que la primera historia de la Biblia luego de la caída de Adán y Eva fuera la historia de un mal muchacho que mató a uno bueno, y prácticamente salió impune.[5] Como si Dios intentara decirnos de entrada nomás que en un mundo caído muchas cosas no salen como esperamos.

En esta misma línea, Jesús sabía lo que hacía cuando nos advirtió que consideráramos el costo antes de dar el paso de seguirlo.[6] Con toda certeza, la recompensa será increíble, y terribles las consecuencias si lo rechazamos. Pero en el corto plazo, formar parte de su equipo no siempre es lo que esperamos que sea. Él conocía nuestra tendencia a ser inconstantes. Sabía que somos rápidos para aceptar las cosas buenas (y alabarlo por ellas) y que somos también así de rápidos para darle la espalda cuando las cosas van mal (que fue lo que convirtió a Job en un hombre tan extraño y justo).[7]

Cristianos tipo Eddie Haskell

El mito de un Dios que nos trae suerte no solo produce una desilusión espiritual devastadora: también nos conduce a un cristianismo tipo Eddie Haskell.

Eddie Haskell era el mejor amigo de Wally Cleaver (y una persona de dos caras, dispuesto a buscar el favor de los demás), en la clásica comedia de situación de los años 50, *Leave It to Beaver*. En presencia de los padres de Wally, se mostraba como un joven solícito y de buenas maneras. Cuando ellos no andaban por allí, se convertía en un vándalo. Y estaba seguro de que ninguno de los adultos de su vida eran tan inteligente como para darse cuenta de que los timaba.

A través de los años me he encontrado con una cantidad sorprendente de gente que considera a Dios de una forma semejante a cómo Eddie Haskell consideraba a Ward y June Cleaver. Piensan que él es estúpido. No usarían esos términos y se horrorizarían si alguien los mencionara. Pero sus acciones los delatan. Observan cuidadosamente algunos rituales religiosos externos en tanto que viven como el diablo el resto del tiempo. Es como si presupusieran que Dios no puede ver ni imaginar lo que hacen fuera de la iglesia.

Ahora bien, ¿por qué podría alguien querer jugar a la religión en público si no la asume en privado? En el pasado se debía en parte a la presión ejercida por los pares y a la fuertes expectativas culturales. Era algo que algunas personas pensaban que tenían que hacer para poder vender sus seguros o resultar electas para un cargo público. Pero esos días ya se han ido.

Hoy, los que siguen con este juego lo hacen en su mayoría para cubrirse espiritualmente en lo básico. Eso explica por qué un jugador de básquet, mal hablado, hace rápidamente la señal de la cruz antes de lanzar un tiro libre; por qué un joven soldado lleva la cruz alrededor de su cuello a pesar de la pornografía que oculta en su armario, y por qué cantidad de familias de los suburbios tienen una gran Biblia sobre la mesita de café (tal vez para evitar que ande flotando por ahí). Todos imaginan que un poquito de Dios puede traerles un poquito de suerte. Así que, ¿por qué no frotar la lámpara y ver si aparee el genio?

Pero aunque ese tipo de pensamiento prolifera por allí, los resultados espirituales son desastrosos. Se crea una forma de cristianismo cultural lleno de rituales, símbolos y reglas que todo el mundo tolera pero que nadie cree. En última instancia, se lo toma a Dios por tonto. Es el cristianismo de Eddie Haskell.

Y nunca funciona. A Dios no lo engaña semejante conducta. Él es muy rápido para descubrir las cosas. Solo pregúntenles a los israelitas.

Ellos pensaban que su pedigrí, la circuncisión, y los sacrificios resultarían más que suficientes para convencer a Dios de que los bendijera. Estaban seguros de que eso les traería buena suerte y victoria sobre sus enemigos a pesar de su propensión a adorar otros dioses, sojuzgar a los oprimidos, e ignorar la justicia. Después de todo, aún si ellos seguían metiendo la pata, no eran ni de lejos tan malvados como las naciones que los rodeaban. Pero para su sorpresa, sus rituales religiosos vacíos no les brindaron protección ni victoria, aunque con el tiempo los llevaron a ganarse un viaje a Babilonia con todos los gastos pagos.[8]

Los mismos principios siguen funcionando hoy cuando algunos de nosotros presuponemos que el ser bautizados, ir a la iglesia, ser confirmados, poner dinero para la ofrenda, ayudar en la escuela dominical, o realizar cualquier otro ritual o actividad religiosa, puedan cubrir un armario lleno de pecados o un corazón indiferente y tibio. En lugar de darnos un poco de buena suerte a cambio de una pequeña obediencia, es mucho más probable que Dios haga otra cosa: que nos escupa de su boca. Porque en realidad él preferiría que fuésemos fríos como el hielo antes que espiritualmente tibios. Lo dijo él mismo.[9]

Entonces, ¿por qué preocuparnos?

Si el asentimiento a medias que le damos a Dios no consigue gran cosa (y, de hecho, tiende a empeorar las cosas), y si la inocencia de Asaf y la justicia de Job no pueden garantizar las bendiciones temporales de Dios, ¿para qué tomarnos la molestia? (Yo sé que al final Job recibió el doble de lo que había perdido. Pero cuando de todos modos ya uno es el tipo más rico del vecindario ¿qué importa? No vale la pena angustiarse por eso. Ciertamente yo no me preocuparía por hacer ese trato si me dieran a elegir. Apuesto a que ustedes tampoco.)

Lo que tenemos que recordar es que los beneficios de la justicia no se alcanzan principalmente a través de recompensas terrenales. Se hallan en la próxima vida. El gran beneficio es el perdón. La gran recompensa es el cielo. Todo lo demás son meros entremeses, un aperitivo antes de la gran fiesta.

Medir la gloria de la mesa de un rey por los entremeses que se sirven al principio (o por la ausencia de ellos) sería tonto. Lo mismo se aplica a medir la bondad y las recompensas de Dios a través de una colisión menor que tuvimos ayer con el auto o aún por el trágico diagnóstico médico del día de hoy.

Aquellos que se parecen a Asaf, casi se dan por vencidos con respecto a Dios, y aquellos que son como Tim y en verdad le dan las espaldas y se van, generalmente llegan a ese punto de desesperación debido a que usan matemáticas fallidas. Cuando intentan descubrir si seguir al Señor vale el costo, colocan beneficios erróneos dentro de la ecuación. Conectan su ficha con lo terrenal cuando deberían hacerlo con lo eterno.

> *Medir la gloria de la mesa de un rey por los entremeses que se sirven al principio (o por la ausencia de ellos) sería tonto. Lo mismo se aplica a medir la bondad y las recompensas de Dios a través de la colisión menor que tuvimos ayer con el auto o aún por el trágico diagnóstico médico del día de hoy.*

La única manera en la que se puede medir adecuadamente la bondad de Dios es volviendo la mirada a la cruz. La única forma de medir adecuadamente su provisión es mirando al cielo. Todo lo otro nos lleva a hacer una falsa lectura.

¿Valdrá la pena de todos modos?

He escuchado a algunas personas decir que seguir a Jesús les ha traído tanto gozo y sentido a la vida que lo volverían a hacer aun si descubrieran que el evangelio no es verdad.

Debo admitir que nunca he entendido cabalmente este punto. No puedo comprender por qué ir detrás de una mentira podría ser una buena cosa. Creo adivinar que esas personas tratan de contrabalancear lo que ven como un énfasis exagerado en cuanto a las recompensas celestiales (lo que algunos burlonamente llaman un cristianismo de *pastel en el cielo*), y la correspondiente falta de preocupación por las necesidades temporales de aquellos que sufren.

Pero aunque su motivación sea correcta (un deseo de procurar no tener tanto la mente en el cielo que no resulten buenos para la tierra), su lógica es absurda.

Si Cristo no resucitó, nuestra fe no tiene valor. Si no es el Señor *viviente*, entonces todavía seguimos en nuestros pecados. Si no hay un cielo para aquellos que lo siguen, somos unos tontos. No hemos elegido una senda admirable. No hemos escogido el sendero de la ética. Hemos optado por el camino de la estupidez.

Y esa no es solo mi opinión. Es la opinión de nada menos que el apóstol Pablo. (También es la opinión de Dios, si creemos que las Escrituras son obra de sus manos). Pablo dice que si nuestra esperanza en Cristo se arraigara principalmente en esta vida presente, seríamos los más desdichados de todos los mortales. Habríamos seguido el sendero de los tontos.[10]

Palabras verdaderas, mensaje falso

Sin embargo, resulta interesante que cuando se trata de transmitirles a otros nuestra fe, tendemos a concentrarnos en los beneficios terrenales, como si eso fuera lo que cerrara el trato en última instancia.

Por ejemplo, en una clásica herramienta evangelística como *Las cuatro leyes espirituales*, en la ley número uno leemos: «Dios te ama y tiene un maravilloso plan para tu vida». Y va seguido de la cita de Juan 3:16 y de otra cita parcial de Juan 10:10 que dice: «Yo he venido para que tengan vida, y la tengan en abundancia».

El problema no radica en las palabras de la primera ley o en los dos versículos usados para sustentarla. Todo eso es verdad. El problema tiene que ver con la forma en que la mayoría de las personas interpretan esas palabras. El hombre o mujer promedio de la calle las escucha y supone que el «maravilloso plan» de Dios para su vida y el ofrecimiento de Jesús acerca de una «vida abundante» hacen referencia a una experiencia mejor y más hermosa aquí sobre la tierra.

Después de todo, eso es lo que en general significa el término *abundante* en castellano. convoca imágenes de bienestar y de algo que excede. Es sinónimo de plenitud. Para la mayoría de nosotros, una «vida abundante» suena muy parecido a una «buena vida».

Sin embargo, las palabras de Jesús en Juan 10:10 no se refieren a una vida de mayor comodidad, prosperidad y protección contra las pruebas parecidas a las de Job. Cuando observamos el contexto general, se vuelve claro que Jesús está hablando de la salvación. En contraste con el ladrón que viene a matar y destruir, Jesús llega como el buen pastor, listo y dispuesto a dar su vida para que nosotros podamos vivir y no morir a manos del enemigo. No quedan dudas de que eso es algo excesivo, abundante y que va más allá de toda expectativa. Pero no tiene nada que ver con la abundancia y el éxito terrenales.

Ahora, no me malinterpreten. No tengo problema con *Las cuatro leyes espirituales*. He utilizado ese librito una infinidad de veces para ayudar a la gente a captar el mensaje del evangelio. Aun tengo en mi oficina una copia autografiada (por su creador, Bill Bright). Pero me parece que en nuestro celo por ver a la gente acercarse a Cristo, con frecuencia pintamos el cuadro de una vida cristiana maravillosa y abundante que en realidad ignora, minimiza y hasta niega las enseñanzas más difíciles de Jesús.

Mientras que eso puede apresurar las así llamadas decisiones de fe por Cristo, hacen muy poco por preparar a un discípulo que recién comienza para lo que tiene por delante. De hecho, actúa al revés. Prepara el escenario para la desilusión cuando las cosas no resultan tan bien.

Les prestamos un mal servicio a los no cristiano, a los nuevos cristianos y aun a los que han sido cristianos por mucho tiempo cuando dejamos de mencionarles las *muchas* escrituras que hablan acerca de las dificultades, la persecución y el sacrificio propio y solo nos concentramos en *un* versículo que (incorrectamente interpretado) parecería prometer una vida de mejor suerte, comodidad y un constante fluir de éxitos.

¿Buenas nuevas o malas nuevas?

Quiero ser claro. No digo que debamos ir por la vida mirando hacia atrás por encima del hombro y esperando con pesimismo que nos caiga el martillo. El hecho de que Dios no nos haga promesas en cuanto a tener una mejor suerte y éxitos terrenales, no significa que todos estemos destinados a tener mala suerte y fracasos.

El cristianismo no es una religión melancólica. Si la entendemos con propiedad, se trata de una fe llena de esperanzas y gozo.[12] El hecho es que una vida justa con frecuencia recibe grandes recompensas en esta vida. Como Salomón señala con tanta fuerza en el libro de los Proverbios, la justicia *generalmente* produce resultados espectaculares. Pero como lo vimos en uno de los capítulos anteriores, los proverbios no son promesas de Dios. Son declaraciones inspiradas por Dios sobre la forma en la que la vida *generalmente* funciona. Así que en tanto que una vida recta *generalmente* suele producir resultados espectaculares, no sucede así siempre. No existen garantías en cuanto a que así sea.

Y es precisamente a raíz de esas excepciones (las situaciones en las que la recompensa eterna de justicia parece ser la única recompensa) que necesitamos estar preparados.

No existe un verdadero riesgo de desilusión espiritual cuando las cosas salen mejor de lo esperado. Nadie se vuelve contra Dios por haber sido «bendecido demasiado» en esta vida. El peligro espiritual llega en esos momentos en que todas las bendiciones solo parecen ser las eternas pero nosotros esperábamos que comenzaran a mostrarse desde hoy. Es entonces que nos sentimos proclives a pensar que Dios nos ha decepcionado o, como le pasó a Tim, creer que hemos sido engañados.

Por esa razón las expectativas sin fundamento y poco realistas deben ser expuestas tal como lo que son: expresiones de deseo. La verdad no coincide siempre con lo que desearíamos oír, ni con lo que nos gustaría creer. Pero esa es la verdad. Todo lo demás es un espejismo. Esas verdades tipo espejismo pueden darnos esperanzas para el día. Pueden estimularnos a seguir adelante. Pero con el tiempo resultarán vacías. Y cuando eso suceda, no harán que las cosas mejoren sino que empeoren.

Terremotos y persecuciones

Vivo en un suburbio de la costa de San Diego. Como la mayor parte del sur de California, se trata de una zona de terremotos. Aunque no estamos en un área de alto riesgo, el riesgo sigue siendo real. Suele haber grandes terremotos. No ocurren aquí a diario ni anualmente. De hecho, en mi sector de San Diego, podemos pasar un siglo o dos sin tener uno grande. Pero suceden. Y solo un tonto construiría su casa como si no fueran a suceder.

Lo mismo acontece con las inevitables pruebas de la vida y las persecuciones que sufrimos como pueblo de Dios. Algunos de nosotros vivimos en áreas proclives a la persecución y a las pruebas. Algunos otros no. A través de toda la historia han habido tiempos y lugares en los que vivir para Jesús ha resultado fácil, y también han existido tiempos y lugares en los que la propia vida corría riesgos. Lo mismo sucede hoy. Seguir a Jesús tiene consecuencias muy distintas en San Diego que en Arabia Saudita. El costo fue diferente en 1950 que lo que es en el siglo XXI. Las dificultades que se presentan son mucho mayores en Hollywood o en Nueva York que en Bakersfield (California) o en Wheaton (Illinois).

Suponer o proclamar que seguir a Jesús hará esta vida más fácil o mejor constituye un gran error. Suponer que la impiedad es un medio para lograr ganancias económicas es algo aún peor. Constituye una señal de que nos han robado la verdad y estamos pensando con una mente corrupta.[13]

Podría ayudarnos a reclutar gente. Podría extender una red más amplia y arrastrar una multitud mayor. Pero, finalmente, es seguro que a aquellos que enfrentamos las pruebas más difíciles y las más grandes persecuciones nos llevará a preguntarnos qué fue lo que salió mal. Prepara el escenario para que el enemigo nos susurre acusaciones en contra de la bondad y justicia de Dios. Prepara el escenario para que le creamos a él.

> *Cuando conocemos el costo y lo calculamos antes de comenzar nuestra travesía, no es muy probable que nos encontremos con sorpresas a la hora de pagar la cuenta.*

Las expectativas poco realistas nunca nos permiten mantener un equilibrio firme. Sea en el matrimonio, en una compra, con un socio en los negocios, en las vacaciones, o en nuestro caminar con

Dios, las expectativas poco realistas son siempre una segura receta para la confusión y la desilusión. Es cierto que a algunas personas que tuvieron expectativas sin fundamento e idealizaron la situación les fue justo como esperaban. Pero eso no los hace más sabios. Solo fue una cuestión de suerte.

Ralear el rebaño

De paso, hay otro beneficio en hacerle saber a la gente de entrada nomás que en tanto que seguir a Dios implica una recompensa eterna increíble, los beneficios terrenales pueden no ser tan grandes.

Eso ralea el ganado.

Los cristianos tipo Eddie Heskell no tienen la intención de adherir a una fe que muy probablemente les traiga pruebas, persecución y dificultades en lugar de fortuna y éxito en lo terrenal. Quizá esa sea la razón por la que la iglesia perseguida siempre ha sido espiritualmente fuerte. No les resulta atractiva a muchos que no son sinceros o para los que constituye solo un pasatiempo.

Cuando conocemos el costo y lo calculamos antes de comenzar nuestra travesía, no es muy probable que nos encontremos con sorpresas a la hora de pagar la cuenta. Pero cuando las advertencias de Jesús acerca de que va a haber algunos recodos difíciles a lo largo del camino aparecen en letra pequeña o se ignoran por completo, esa es ya una cuestión diferente. Cuando suponemos, lo dejamos implícito, o afirmamos que se espera que Dios nos traiga buena suerte y mucho éxito, estamos preparándonos para una gran decepción y para un cinismo espiritual.

Y lo que es peor, nos arriesgamos a convertir al Rey de reyes en poco más que un amuleto de la buena suerte. Y ese es un papel que él nunca ha aceptado representar.

¿DIOS NOS TRAE BUENA SUERTE?

—¡Una cosa por la otra! —replicó Satanás—. Con tal de salvar la vida, el hombre da todo lo que tiene. Pero extiende la mano y hiérelo, ¡a ver si no te maldice en tu propia cara!

—Muy bien —dijo el Señor a Satanás—, Job está en tus manos. Eso sí, respeta su vida.

Dicho esto, Satanás se retiró de la presencia del Señor para afligir a Job con dolorosas llagas desde la planta del pie hasta la coronilla. Y Job, sentado en medio de las cenizas, tomó un pedazo de teja para rascarse constantemente.

Su esposa le reprochó:

—¿Todavía mantienes firme tu integridad? ¡Maldice a Dios y muérete!

Job le respondió:

—*Mujer, hablas como una necia. Si de Dios sabemos recibir lo bueno, ¿no sabremos también recibir lo malo? A pesar de todo esto, Job no pecó ni de palabra.*

JOB 2:4-10

9 ESTAR EN EL VALLE SIGNIFICA HABER TOMADO UN RUMBO EQUIVOCADO

Mis primeros tres años como pastor fueron terribles. Hasta el día de hoy mi esposa y yo los llamamos con cariño (bueno, está bien, no con tanto cariño) los *años oscuros*. He escrito acerca de ellos anteriormente, así que no entraré aquí en mucho detalle.[1] Pero sí lo suficiente como para decir que fueron durísimos tanto en lo espiritual como en lo profesional y emocional. Nada salía bien. Yo estuve deprimido por tres años. Los días buenos eran una rareza. Las noches no resultaban mejores: apenas una oportunidad para dar vueltas y vueltas a causa de la preocupación.

Sin embargo, no fueron los problemas que enfrentamos lo que hizo que este valle en particular resultara tan devastador. Nancy y yo tuvimos que lidiar con cosas peores: la batalla de ella contra el cáncer, la traición de un aliado en el que confiábamos, el desvanecimiento de nuestros ahorros, y eso, sin mencionar las típicas pruebas y tragedias que enfrenta cualquiera cuyo cuentakilómetros le marca un buen trecho recorrido.

Lo que volvió tan desmoralizador a este valle fue el momento en el que se produjo. Llegó inmediatamente después de dar un paso de obediencia (y como resultado de él). Fue como si Dios nos hubiera pedido que diéramos un paso adelante y luego nos hubiera reprimido bruscamente por hacerlo.

Lo que pensábamos que iba a resultar un lugar de aguas calmas acabó siendo una caldera hirviente de conflictos. Al principio hice caso omiso, considerándolo una prueba temporal. Nada demasiado importante. Después de todo, es algo bien conocido que las pruebas forman parte del paquete cuando nos alistamos para seguir a Cristo. Pero cuando comenzó a parecernos que esta prueba en particular no tenía un final a la vista… bueno, solo les diré que empezamos a mirar las cosas de un modo diferente.

Dos opciones

Mientras intentaba descubrir cuál era el próximo paso dar, quedé atrapado entre dos directivas contrapuestas. Por un lado, yo *sabía* qué era lo que Dios quería que hiciera: seguir resistiendo hasta el final. Por el otro, la mayoría de mis amigos tenían la absoluta certeza de que sabían lo que yo debía hacer: pasar a algo nuevo. Resultaba algo más bien confuso y frustrante.

La argumentación a favor de quedarnos

En lo que se refería a haber venido a San Diego para servir como pastor de la iglesia, no tenía dudas de que Dios nos había traído. Su guía había sido muy clara, y subrayada por una serie de «coincidencias» divinas que tenían sus huellas digitales por todos lados. Pero luego de un par de años frustrantes, y sin que nada indicara que algo cambiaría alguna vez, me pareció que era tiempo de seguir adelante.

Excepto por un problema: Dios había dejado muy en claro que esperaba que yo me mudara a esta comunidad, echara profundas raíces y me quedara por un largo tiempo.

Sin embargo, cuanto más se descaminaban las cosas, más comenzaba yo a preguntarme si le habría entendido bien. En realidad, *esperaba* haberle entendido mal. La posibilidad de quedarme dando vueltas por allí durante toda una vida de ministerio frustrante, con un mínimo de fruto y en un medio ambiente en el que el éxito se veía como improbable, no concordaba con mi idea de lo que era un maravilloso plan de Dios para mi vida.

La argumentación a favor de irnos

Muchos de mis amigos y mentores tenían un mismo criterio. No podían imaginar que Dios me llamara a servir en un medio ambiente para nada receptivo y que luego me pidiera que me quedara. (Imagino que se habrán olvidado de Jeremías). Así que cada vez que se presentaba una nueva oportunidad, me alentaban a aceptarla. Si la rechazaba y sacaba a relucir lo que Dios me había dicho previamente, ellos me aseguraban que yo lo había entendido de un modo equivocado.

Debo admitir que hubo muchos días en los que su consejo me sonaba veraz. Después de todo, era lo que deseaba oír, lo que deseaba creer, y lo que deseaba hacer.

¿Qué es lo que significa un valle?

Desafortunadamente el consejo de mis amigos se basaba en una premisa falsa. Ellos estaban convencidos de que un valle muy prolongado no podía formar parte de un plan de Dios a largo plazo.

No estoy refiriéndome aquí a ese tipo de valles y pruebas en los que todo está completamente fuera de control, como cuestiones médicas, tragedias, e injusticias sobre las que no podemos hacer nada salvo tragar saliva, confiar en Dios y seguir soportando. Hablo del tipo de valles que podemos evitar, o de los que podemos escabullirnos si elegimos hacerlo.

Desde la perspectiva de mis amigos, solo un tonto se quedaría en ese tipo de valle. Presuponían que la guía de Dios siempre nos conduce al pico de la montaña. Se daban cuenta de que podía haber dificultades ocasionales en el camino. Pero creían que siempre serían secundarias, una parte breve pero necesaria del proceso.

Al enfrentarse con un valle prolongado, especialmente uno como aquel, que parecía no tener un fin a la vista, automáticamente suponían que eso implicaba haber dado un giro equivocado. Estaban seguros de que debería salir de él lo antes posible, sin tener en cuenta lo que costara hacerlo.

Ahora bien, obviamente algunos valles llegan como resultado de dar un mal giro. Tanto el Antiguo como el Nuevo Testamento nos advierten sobre las consecuencias que tienen nuestras decisiones pecaminosas o tontas.[2] Pero la idea de que todo valle prolongado constituye un error y que deberíamos escabullirnos de él automáticamente es un concepto falso. Se basa en una leyenda urbana espiritual que no soporta el menor análisis: la creencia de que Dios solo nos conduce a la cima de la montaña y que los valles prolongados siempre indican haber realizado un viraje errado. Ignora la larga historia de los tratos de Dios con su pueblo y las claras enseñanzas de las Escrituras.[3]

Aquellos que compran este mito y lo siguen, acaban pagando un alto precio. Les faltarán algunas importantes lecciones. El carácter cristiano resultará defectuoso.

Este mito excusa y hasta alienta las decisiones centradas en uno mismo con el fin de eludir el sufrimiento tan pronto como sea posible. Hasta trunca el poder de Dios. Si huimos de cada situación complicada, suponiendo que Dios no puede estar en ella, nunca experimentaremos el poder milagroso de su liberación. Después de todo, un milagro necesita de un enredo previo. Siempre ha sido así. Siempre lo será. Forma parte de la ecuación. Las pruebas duras y las experiencias que claman por la ayuda de Jesús no siempre resultan divertidas. Pero sin ellas no hay mayor necesidad de que Dios aparezca.

Esta también es una creencia que lastima a otros. Si suponemos que los sufrimientos y las dificultades prolongados resultan inaceptables y quedan automáticamente fuera de la voluntad de

Dios, entonces cualquier daño o congoja que les causemos a otros en nuestra premura por librarnos de ellos se convertirán apenas en daños colaterales, en una parte desafortunada pero inevitable de nuestra búsqueda de la felicidad.

Pensemos en la facilidad con que nuestra cultura quebranta sus promesas sin sentirse culpable. Decepcionar a la familia, a los amigos o a nuestros socios comerciales no es algo tan grave si un compromiso que hemos hecho acaba siendo mucho más costoso de lo que habíamos imaginado. Suponemos que todos comprenderán. Después de todo, no sabíamos en lo que nos estábamos metiendo. Y si ellos no quieren entender… bueno, ¡tenemos que hacer lo que tenemos que hacer! Así que faltamos a la palabra, o contratamos a un buen abogado que encuentre algún tecnicismo que nos libere de la cuestión.[4]

Consideremos los incontables pactos matrimoniales que se rompen basándose en la presunción de que permanecer dentro de un matrimonio infeliz, o que no cumple con las expectativas, no puede ser la voluntad de Dios. Nuestro «en las buenas y en las malas» de alguna manera se convierte en un «hasta que ya no lo pueda soportar». Así que cuando las cosas se ponen difíciles, avanzamos en otra dirección, convencidos de que Dios comprenderá (y lo aprobará).

Y esto es lo extraño.

La mayoría de nosotros comprendemos que las dificultades (aun las prolongadas) naturalmente forman parte de la vida. Sabemos en teoría que Dios las utiliza para ejercitarnos y equiparnos, para edificar nuestro carácter, y a veces para llevar adelante su voluntad. Eso es cristianismo elemental.

Pero algo cambia de forma radical cuando el valle profundo y prolongado se convierte en *nuestro* valle. Las verdades que aceptamos tan fácilmente en teoría y que aplicamos con tanta rapidez a otros se vuelven difíciles de entender en lo que se refiere a nuestra propia vida.

Tenemos que admitirlo: Resulta muy difícil imaginar un entorno en el que un Dios todo sabio y amoroso desee que *nosotros* soportemos una temporada larga de frustración y decepción. Es por eso que cuando nos hallamos atrapados nosotros mismos (o aquellos a los que amamos) en un valle doloroso y extenso, tendemos inmediatamente a buscar la forma más rápida de salir de él. Suponemos que algo debe haber salido muy mal.

Desearía poder decir que se trata de una trampa en la que nunca he caído. Pero sería mentira. El mito de que un valle implica que hemos equivocado el camino tiende a ganar credibilidad cuanto más profundo o más largo se vuelva nuestro propio valle personal. Eso era lo que me ocasionaba más conflicto durante mis años oscuros. En mi mente sabía exactamente lo que Dios deseaba que hiciera: permanecer allí mismo. Pero cuanto más tiempo pasaba viendo que podría ser que las cosas no cambiaran jamás, más difícil se me hacía aceptar una respuesta que no quería escuchar.

Entonces, ¿qué es lo que significa un valle?

Si un valle no necesariamente implica haber pegado un viraje equivocado, entonces ¿qué es lo que significa?

Depende.

Los valles vienen en todo tipo y tamaño. En algunos, el final resulta obvio, está a la vista; otros parecen durar para siempre. Algunos son autoprovocados; otros nos llegan como resultado de vivir en un mundo caído; algunos, obviamente, están dentro de la voluntad de Dios; y en cuanto a otros, nos resulta imposible descubrir lo que son hasta que hemos llegado a salvo al otro lado.

Pero independientemente de la clase de valle que enfrentemos, hay ciertas cosas que necesitamos saber para poder pensar con claridad y reaccionar en forma apropiada. No importa si lo hemos causado nosotros mismos, si se trata de un giro equivocado, de un valle a causa de *haber metido la pata en gran forma*, o de un valle que se debe a la elección de Dios, lo que tenemos que preguntarnos:

- *¿Por qué estoy aquí?*
- *¿Cómo debería reaccionar?*
- *¿Qué puedo aprender de esto?*

He descubierto que estas tres preguntas simples, pero que disipan la niebla, resultan de una ayuda increíble. En forma reiterada me han permitido a mí y a aquellos con los que trabajo, atravesar los valles más profundos de la vida de una manera que honra a Dios, que no provoca un corto circuito en el crecimiento espiritual, y que además nos permite salir del valle lo más rápido que resulta apropiado. Así que consideremos cada una de ellas más detenidamente.

¿Por qué estoy aquí?

El problema que surge cuando suponemos que cada valle profundo y prolongado implica haber tomado una dirección equivocada es que se ignoran toda las evidencias bíblicas que lo contradicen. A veces un valle significa haber dado un giro equivocado, pero con la misma frecuencia (si no más) envuelve algo muy diferente.

¿Me envió Dios aquí?

Algunos de los valles son de aquellos a los que *Dios nos envía*. Su característica más evidente es la obediencia, que aparentemente funcionó como detonante. Siempre que el hacer lo correcto nos conduzca a un valle, o nos mantenga en él, podemos tener la seguridad de que estamos justamente donde Dios quiere que estemos, aunque casi siempre deseemos estar en algún otro lugar.

Por ejemplo, cuando Dios envió a la familia de Jacob a Egipto a vivir con José, eso constituía el comienzo de un valle *al que Dios los había enviado*, y que duró siglos. En aquel momento, ellos pensaban que se mudaban a Egipto para tener una vida más fácil. Aunque Dios le había advertido a Abraham exactamente lo que iba a suceder, Jacob, José y sus hermanos no tenían idea de que los líderes egipcios con el tiempo se les volverían en contra y que sus descendentes se verían forzados a soportar una dura esclavitud mientras Dios los hacía crecer en número y prepararse para ser una nación. Probablemente si hubieran sabido eso, hubieran optado por no ir. Pero todo formaba parte del plan de Dios. Era un valle que él había elegido.[5]

Luego, tan pronto como salieron de Egipto, fueron introducidos directamente a otro valle *al que fueron enviados por Dios.* Les dijo que establecieran un campamento en el peor lugar posible. Estaban rodeados por dos montañas, un cuerpo de agua que no podían atravesar, y un ejército en avance que los superaba en fuerza.

Probablemente conocen el resto de la historia. En el último momento, Dios hizo su aparición. Dividió el Mar Rojo, les dijo a los israelitas de caminaran hacia la otra orilla, y permitió que los egipcios tomaran un buen baño. Como conocemos la forma en que terminaron las cosas, ese valle no nos parece tan malo. De hecho, algunos de nosotros lo consideramos una aventura apasionante y pensamos *¡Ojalá yo hubiera estado allí!* Pero los israelitas no tenían idea a qué apuntaba Dios. No estaban leyendo una gran historia en la escuela dominical. Vivían una realidad aterradora. Sin embargo, se encontraban precisamente en el lugar en el que Dios quería que estuvieran.[6]

Jesús mismo atravesó una cantidad de valles a los que *Dios lo envió.* El primero luego de su bautismo. El Espíritu Santo lo llevó al desierto a ayunar y a esperar nuevas instrucciones. Luego de haber llegado a un punto de gran debilidad física, apareció el diablo para presentarle batalla. Difícilmente podríamos considerar ese como el tiempo ideal para enfrentar una tentación dura y genuina de parte del gran tentador en persona. Sin embargo, formaba parte del plan del Padre. No se trataba de un error. Nadie había tomando una dirección equivocada.[7]

Más adelante, Jesús mismo condujo a sus discípulos a través de un ejercicio semejante. Un día les dijo que entraran a la barca y se dirigieran a la otra orilla del lago. A mitad de camino, se encontraron de pronto con una borrasca que amenazaba sus vidas.

Entraron en pánico.

Él dormía.

Bueno, en realidad durmió hasta que ellos lo despertaron. Entonces le ordenó a la tormenta que cesara. Luego de eso (conociendo a Jesús), es probable que se hubiera vuelto a dormir. Para los discípulos constituyó una experiencia horrenda. Para Jesús, simplemente otra lección que los muchachos tenían que aprender.[8]

Desde los descendientes de José a los discípulos de Jesús, todas esas pruebas y valles tienen algo en común. Fueron resultado directo de hacer lo que Dios les había mandado que hicieran. Fueron valles a los que *Dios los había enviado*. Hay una cosa que sabemos con total certeza cuando el obedecer a Dios nos coloca en medio de profundas malezas: estamos exactamente donde él quiere que estemos, aun cuando no sea donde nosotros quisiéramos estar. Eso no hace que el valle sea menos aterrador o que no nos agote, pero nos proporciona una fuente de consuelo espiritual y perspectiva.

¿Yo estropee las cosas?

Existe un segundo tipo de valle en medio de la oscuridad autogestionada, y es el que aparece luego de tomar una decisión estúpida o por rebeldía. Este valle si tiene que ver con que alguien ha tomado una dirección equivocada en algún momento del camino. Es el alto precio que se paga por vivir la vida como si se tratara de un tour conducido por nosotros mismos.

Ejemplo de esto serían los ciclos de sojuzgamiento por los que pasaron los israelitas en manos de los cananeos, filisteos, babilonios y asirios. A diferencia de su período de esclavitud en Egipto, esos tiempos de dominación extranjera nunca formaron parte del plan original de Dios. Fueron dificultades autogestionadas por ellos como consecuencia directa de ignorar y desobedecer la ley de Dios.

Lo mismo sucede con la mayoría de los valles por los que pasó el rey David en su vida. Excepto el tiempo en que anduvo huyendo de los celos del rey Saúl luego de su victoria sobre Goliat, casi todos los otros valles en los que se encontró pertenecían a la variedad *he estropeado las cosas.* La mayoría de ellos podrían trazar sus orígenes hasta un terrible giro erróneo dado por él: su encuentro furtivo con Betsabé y el posterior asesinato del marido de ella. Eso lo propulsó a un camino repleto de sueños destrozados, conflictos políticos y a una completa debacle de su propia familia. La disfuncionalidad, incesto, asesinato y golpe de estado que siguieron fueron consecuencias trágicas del camino paralelo que él decidió seguir por su cuenta una noche.[9]

Algo bueno del valle definido como *yo he echado a perder las cosas* es que casi siempre resulta fácil descubrir la conexión entre la dirección equivocada que se ha tomado y el valle. No hay allí sutilezas. Dios no mantiene oculto lo sucedido. Cuando tomamos una decisión voluntaria (o una serie de decisiones) que nos desvían del sendero prescrito, lo sabemos. Y aun si diéramos un giro equivocado por ignorancia, Dios a su tiempo nos lo hará saber. Él no va a dejarnos perplejos ni se va a meter con nuestros pensamientos. Pero quiere que sepamos dónde nos hemos equivocado; es la única manera en que volvamos a la huella correcta.

¿Esto se encuentra más allá de mi comprensión?

Existe un tercer tipo de valle. Es aquel valle o prueba que no tiene ningún sentido, y al que me gusta llamar un valle causado *vaya uno a saber por qué.* No muestra una conexión aparente con ningún paso de obediencia o de desobediencia. Simplemente está allí. A veces podemos descubrir la razón cuando miramos hacia atrás por el espejo retrovisor, pero la mitad de las veces no le encontramos ningún sentido.

Pensemos en la repentina seguidilla de mala suerte que tuvo Job. Todo el mundo intentaba encontrar las razones. Pero era un ejercicio inútil. Sus amigos no lograron captarlas. Su esposa tampoco. Job mismo no las descifró. Aun cuando Dios apareció al final, nunca le explicó a nadie por qué habían sucedido esas cosas. La única razón que tenemos acerca de lo que aconteció es lo que se nos dice al comienzo del libro que lleva el nombre de Job. Pero no hay indicios de que nadie se la comunicara a Job. Y, francamente, la mayoría de nosotros cuando leemos esa explicación no le encontramos mucho sentido tampoco. No parece condecir con el carácter de Dios que él debatiera con Satanás y utilizara a Job para probar su punto.[10]

Pienso en los primeros días de la ocupación de la Tierra Prometida por parte de Israel, días en los que sucedió algo extraño. Los hombres de Judá tomaron posesión de la zona montañosa porque el Señor estaba con ellos. Pero no pudieron arrojar fuera a la gente que vivía en la llanura *porque ellos contaban con carros de hierro.*[11]

¿Qué?

¿El Señor estaba con los hombres de Judá pero ellos no pudieron expulsar a un puñado de tipos que tenían un equipamiento superior? ¿Qué pasó allí? Si hubiera tenido que elegir un equipo cuando estaba en la escuela primaria, estoy seguro de que definitivamente hubiera optado por el de Dios y no por el de aquel chico que tenía un par de carros de hierro. ¿Y ustedes? Y también hubiera esperado que él ganara, por lejos. Pero obviamente eso no fue lo que ocurrió en el caso de Judá. Y nunca se nos explicó por qué, excepto que aquellos muchachos malos tenían carros de hierro.

Claramente se trataba de un valle *vaya uno a saber por qué.* Y ese es un lugar en el que aun los mejores hombres que tiene Dios se pueden llegar a encontrar. Job era el hombre principal con el que contaba Dios, su orgullo y alegría. El Señor estaba con los hombres de Judá. Pero por alguna razón los tipos de los carros de hierro algunas veces pueden darnos una buena patada en el trasero. Algún día quisiera preguntarle a Dios por qué.

¿Cómo debemos reaccionar?

Una vez que sabemos en qué clase de valle nos encontramos (aunque se trate de un valle que no tiene sentido), es tiempo de responder la segunda pregunta: *¿Cómo debemos reaccionar?* Se trata de una pregunta que es mejor no responder hasta saber cuál es el tipo de valle en el que estamos, debido a que los diferentes tipos de valles requieren de distintas respuestas o reacciones. Pero una vez que tenemos una idea clara, no resulta difícil descubrir lo que debemos hacer a continuación.

Cuándo mantenernos firmes

Por ejemplo, los valles *a los que Dios nos envía* siempre requieren que nos mantengamos firmes allí. Escabullirnos o huir no constituye una buena opción. Esa es una lección que Jonás aprendió por de la manera más dura, cuando intentó evadir un encomendamiento que le producía pavor. Es una lección que aprendemos a través de la elección de Abraham de tomar el camino del engaño para salvar el pellejo. Cuando él declaró que Sara era su hermana, todo lo que hizo fue desacreditarse y dar inicio a un patrón de engaños que con el tiempo iba a destrozar su familia cuando tanto su hijo como su nieto utilizaron la misma treta para evadir sus propias situaciones difíciles.[12]

Y luego está Daniel. Él constituye el más típico ejemplo de alguien que se mantiene firme y hace lo correcto sin que nada le importe. Todo lo que tendría que haber hecho para evitar la horrenda perspectiva de ser comido vivo por los leones era dejar de orar públicamente a Dios durante treinta días. Treinta días. No era para siempre. Solo treinta días.[13]

Pero él no iba a aceptar eso. Sabía que el camino de la desobediencia era mucho peor que el valle de la muerte. Así que continuó orando y acabó dentro de la cueva de los leones.

Supongamos que hubiera considerado esa temible posibilidad desde otra perspectiva. Supongamos que él hubiera creído que un Dios bueno y amoroso nunca lo enviaría a ese terrible valle ni la pediría que muriera como un mártir. Supongamos que él hubiera interpretado que un valle como ese con toda seguridad indicaba que se había tomado alguna dirección equivocada.

Habría respondido de una manera bastante diferente. Podría haber huido. Podría haberse tomado un breve tiempo de descanso en lo espiritual, o simplemente comenzar a orar en forma privada. Era una solución de compromiso que podría justificar fácilmente a la luz de todo el bien que iba a realizar en su nuevo papel de administrador general de la nación. Después de todo, no le serviría mucho a Dios o a su pueblo dentro del intestino de un león.

> *Nunca juzguemos lo apropiado de la obediencia por los resultados a corto plazo, o aun a largo plazo. Juzguémoslo a la luz de la eternidad.*

En una escala mucho menor (bueno, muchísimo menor), eso fue lo que enfrenté durante mis años oscuros. La única manera de salir de lo que aparentaba ser un valle muy prolongado era desobedecer las instrucciones previas de Dios.

Afortunadamente no lo hice. Pero al mirar hacia atrás, me estremezco al pensar lo que hubiera sucedido de haber seguido los dictados de mi corazón en lugar de los de mi cabeza. Si hubiera comprado la mentira de que los valles extensos significan haber equivocado la dirección, me habría echado atrás. Y habría perdido todo aquello que demostró ser el plan de Dios para mi vida y ministerio. Entonces, habría interpretado un rol alternativo sobre un escenario que él no había escogido.

Aun cuando el obedecer las claras directivas de Dios sea lo que nos meta en aprietos o nos mantenga en ellos, lo único que podemos hacer es continuar obedeciendo, hasta cuando parezca que las cosas empeoran. Nunca juzguemos lo apropiado de la obediencia por los resultados a corto plazo, o aun a largo plazo. Juzguémoslo a la luz de la eternidad. Aun cuando mis años oscuros se hubieran convertido en mis décadas oscuras, no moverme de allí habría sido lo correcto. Si Daniel hubiera sido devorado por los leones, con todo podríamos considerar que él había hecho lo correcto (aunque debemos admitir que probablemente no les contaríamos su historia a los niños de la escuela dominical).

Cuándo cambiar de rumbo

En tanto que los valles *a los que Dios nos envía* requieren que no nos movamos de allí, los valles en los que *nosotros hemos echado a perder las cosas* precisan que reaccionemos de un modo totalmente distinto. Requieren un serio cambio de rumbo. Si ha sido un giro equivocado el que nos metió allí, necesitaremos volver sobre nuestros pasos de un modo significativo para llegar de nuevo al lugar en el que deberíamos estar.

Lamentablemente, a veces las consecuencias de un giro equivocado duran toda la vida. Eso es lo que le sucedió a mi amigo Tony. Atrapado en la cárcel por una horrible decisión que había tomado y por un crimen cometido, recobró sus sentidos, le entregó su vida a Dios y comenzó a realizar algunos cambios importantes.

Pero eso no lo sacó de la prisión. Permaneció encarcelado, con muy pocas chances de salir alguna vez. Lo que sí cambio, sin embargo, fue el hecho de que tenía recursos a su disposición. Halló nueva fortaleza, consuelo y propósito en medio de un valle largo y monótono en el que se había colocado él mismo. Dios comenzó a usarlo para guiar a otros prisioneros a Cristo y para enseñarles la Biblia y arrojar luz sobre un lugar verdaderamente oscuro.

Afortunadamente, muchos de los valles *en los que fuimos nosotros los que echamos a perder las cosas* no duran para siempre. Pero casi siempre nos resulta imposible salir de ellos hasta que hacemos estas dos cosas: (1) asumir nuestra responsabilidad personal, y (2) realizar algunos cambios importantes.

Resulta necio culparlo a Dios cuando nos encontramos en medio de un desastre que es consecuencia directa de haberlo ignorado. Pero asumir nuestra responsabilidad es el único primer paso que podemos dar. Para salir de un valle en el que estamos por *haber echado a perder las cosas*, tenemos que pegar la vuelta y comenzar a andar en una dirección diferente.

No alcanza con lamentar lo que hemos hecho. En realidad debemos comenzar a hacer las cosas de un modo distinto. De otra manera, lo único con que contaremos serán las buenas intenciones.

Podemos aprender mucho acerca de cómo salir de un valle en el que somos nosotros los que *hemos echado a perder las cosas* a partir de una historia que encontramos en el libro de los Jueces. Durante años los israelitas se habían visto aplastados por los amonitas (uno de los muchos «itas» que les habían causado sufrimientos durante años: los hititas, los amalecitas, los moabitas y otros).

Se encontraban bajo el control de los amonitas debido a que habían rechazado a Dios y habían comenzado a adorar a los dioses falsos y demoníacos de las naciones que los rodeaban. Así que Dios hizo exactamente lo que les había dicho que haría. Los entregó en manos de sus enemigos. Ocho años después, repentinamente entraron en razones y comenzaron a clamar a Dios.

Sin embargo, la respuesta de Dios no fue lo que nosotros hubiéramos esperado. El Señor no les dijo: «Fantástico. Me alegro mucho de que ustedes hayan admitido sus errores. Ahora, háganse a un lado mientras yo aniquilo a sus enemigos».

No. En lugar de eso les dijo: «Ustedes me han abandonado y han servido a otros dioses; por lo tanto, no los volveré a salvar. Vayan y clamen a los dioses que han escogido. ¡Que ellos los libren en tiempo de angustia!»[14]

¡Vaya! No es precisamente la respuesta que la mayoría de nosotros hubiéramos esperado, ni la que esperaban los israelitas. ¿Dónde estaban la misericordia y la gracia? Parecía algo que no tenía relación con Dios, a no ser quizá por el hecho de que había sido Dios mismo el que lo había dicho.

Así que a continuación ellos intentaron postrarse. «Hemos pecado. Haz con nosotros lo que mejor te parezca, pero te rogamos que nos salves en este día».[15]

Aun entonces Dios se mantuvo distante.

Finalmente ellos se deshicieron de los dioses extranjeros. Solo en ese momento Dios decidió prestar atención a su clamor pidiéndole ayuda.[16]

Lo mismo ocurre con nosotros. He visto a muchos individuos lamentar el desastre que habían hecho y desear que todo fuera diferente, pero que aun así no estaban dispuestos a cambiar las conductas que los habían llevado a meterse en aquel gran lío. La ironía es que, en el caso de muchos de ellos, cuanto más tiempo permanecían en aquel valle que ellos mismos se habían creado, más enojados con Dios se mostraban, por no darse cuenta de que los valles en los que estamos por *haber echado a perder las cosas* no mejoran mientras que nosotros continuemos culpando a otros (o a Dios), y sigamos estropeándolo todo.

Una cosa más con respecto a los valles ocasionados por *haber echado a perder las cosas*: no desaparecen en el momento en que comenzamos a rumbear en la dirección correcta. Con frecuencia lleva un buen tiempo salir de ellos, a veces, mucho más de lo que nos tomó entrar.

Me recuerda aquellas ocasiones en las que visité el Gran Cañón. Desde la cima, la caminata hasta los miradores que están más abajo resulta corta y tentadora. Pero una vez que uno decide volver y parte de regreso, siempre resulta más largo y más difícil llegar hasta la cima de lo que fue descender hasta los miradores.

O, poniéndolo de otra manera, salir de un valle generado por nosotros mismos se parece bastante a correr una carrera de distancia y sufrir una caída. Una vez que nos ponemos nuevamente en pie, lleva algún tiempo alcanzar a los demás. De hecho, uno tiene que correr con más fuerza y más rápido que los otros solo para llegar. Después de un trecho, eso hasta puede parecer injusto. Pero esa es la manera en que funciona. No hay forma de esquivarlo; por eso es una buena idea tratar de no caerse.

Cuándo rehusarnos a tomar un atajo

Independientemente del tipo de valle en el que estemos, hay algo con lo que podemos contar: el enemigo con toda seguridad nos ofrecerá un atajo.

Fue lo que le ofreció a Jesús cuando le sugirió que convirtiera las piedras a su alrededor en pan. Después de todo, parecía ser la única manera en que Jesús podría sobrevivir. Ya había esperado en el Padre durante cuarenta días. ¿No era suficiente?

Eso es también lo que él nos ofrece cuando una mentira parece ser la única manera de salir de un aprieto difícil. O cuando consideramos la pureza moral como el doblar de las campanas fúnebres sobre una relación que mucho hemos deseado. O cuando devolver mal por mal se presenta como la única manera de evitar que nos pasen por encima.

> *Siempre hay dos maneras de salir de una prueba: el atajo del enemigo, que involucra transigir o desobedecer, y la vía de escape que nos promete Dios a todos aquellos que caminamos con él.*

En cada uno de los casos ya sabemos lo que *debemos* hacer. El problema es cuando el sendero correcto parece llevarnos a un lugar equivocado, o por lo menos a un lugar al que no deseamos ir. Es en ese momento en que el desvío que nos propone el enemigo empieza a parecernos tremendamente atractivo.

La clave para resistirlo con éxito es determinarnos por anticipado a no tomar ninguno de sus atajos por más atractivos que nos parezcan. Si esperamos llegar a una encrucijada para tomar esa decisión, será pelear una batalla perdida contra la tentación. La senda del pecado y de la transigencia simplemente resulta demasiado seductora. Además, el plan del enemigo a menudo funciona. Nos puede sacar del valle. Pero aun cuando lo haga, es como saciar la sed con agua salada. Por un momento le gana a la deshidratación, pero a la larga solo empeora las cosas y la acelera.

El hecho es que siempre hay dos maneras de salir de una prueba: el atajo del enemigo, que involucra transigir o desobedecer, y la vía de escape que nos promete Dios a todos aquellos que caminamos con él.[17] Los atajos del enemigo en general funcionan a corto plazo. Pero nunca funcionan por la eternidad. La vía de escape del Señor (un sendero llamado fe y obediencia) a veces funciona bien a corto plazo. Pero siempre brilla en todo su esplendor a la luz de la eternidad.[18]

¿Qué puedo aprender de esto?

Hay una pregunta más aparte de *¿Por qué estoy aquí?* y *¿Cómo debería reaccionar?* Es: *¿Qué puedo aprender de esto?*

Siempre hay lecciones que aprender y un carácter que edificar sin que importe la causa, o cual sea el valle. Un valle de injusticia nos ayuda a identificarnos con los sufrimientos de nuestro Señor. Un valle de dolor nos prepara para mostrar empatía y apoyo a otros que enfrenten lo mismo. Un valle de sufrimientos nos enseña obediencia y confianza. Aun un valle de dificultades autoinfligidas puede servir como advertencia para no volver jamás allí.

Es por eso que al escribir a un grupo de refugiados espirituales, Santiago les dijo que se regocijaran siempre. Él sabía que sus pruebas tenían el potencial de enseñarles lecciones que no aprenderían de ninguna otra manera. Resulta interesante que él nunca abordó la cuestión de si la persecución por la que pasaban era obra de Dios, del enemigo, o simplemente constituía una parte de la vida dentro de un mundo caído. En lugar de ello, se concentró en una cosa de la que ellos se podían beneficiar en cualquier caso: las lecciones espirituales de la perseverancia, el carácter y la madurez.[19]

> *Si Dios le pidió a su Hijo unigénito que pasara por el valle de la cruz, no nos debería sorprender demasiado que él nos pidiera que, siendo sus hijos e hijas adoptivos, pasáramos por algunos valles propios.*

Además, él también los alentó a pedir sabiduría para poder discernir cómo reaccionar y qué lecciones aprender. Durante mis años oscuros, esa oración se volvió una de mis favoritas. Descubrí que si pedía entendimiento acerca de lo que podía aprender, en lugar de buscar constantemente formas de salir, las lecciones de la vida se abrían ante mí de un modo constante. De hecho, al mirar hacia atrás, me doy cuenta de que la mayor parte de mi liderazgo y de las lecciones espirituales sobre las que enseño y escribo tuvieron su génesis durante una época de la vida en la que yo pensaba que no estaba sucediendo nada bueno.

Eso, sin mencionar que cada prueba y valle es algo bueno. Lo que no significa que le atribuyamos cada tragedia a Dios. Ni quiere decir que los valles sean divertidos (si nos gusta que las cosas se desbaraten, somos un poco raros; o tal vez especialistas en reparaciones). Lo que quiero señalar es que, ya que tenemos que pasar por ellos, apuntemos a sacar algo bueno en el proceso.

Si Dios le pidió a su Hijo unigénito que pasara por el valle de la cruz, no nos debería sorprender demasiado que él nos pidiera que, siendo sus hijos e hijas adoptivos, pasáramos por algunos valles propios. Si Jesús aprendió la obediencia a través de lo que sufrió, no nos tendría que llamar a atención que se nos pidiera que siguiéramos por la misma senda.[20]

¿PASAR POR UN VALLE IMPLICA HABER TOMADO UN RUMBO EQUIVOCADO?

El Señor habló con Moisés y le dijo: «Ordénales a los israelitas que regresen y acampen frente a Pi Ajirot, entre Migdol y el mar. Que acampen junto al mar, frente a Baal Zefón. El faraón va a pensar: "Los israelitas andan perdidos en esa tierra. ¡El desierto los tiene acorralados!" Yo, por mi parte, endureceré el corazón del faraón para que él los persiga. Voy a cubrirme de gloria, a costa del faraón y de todo su ejército. ¡Y los egipcios sabrán que yo soy el Señor!»

ÉXODO 14:1-4

10 LA GENTE QUE MUERE VA A UN LUGAR MEJOR

¿Les gustaría ver un mini motín de cerca? Esto es lo que tienen que hacer. La próxima vez que vayan a un funeral, pónganse en pie y digan la verdad, toda la verdad y nada más que la verdad sobre aquel ser amado que ha partido. Luego den un paso atrás y observen lo que sucede.

Resultará algo interesante

En lo referido a los funerales y servicios conmemorativos, nos movemos por ciertas leyes no escritas y profundamente arraigadas, ciertas normas culturales que no se pueden ignorar sin enfrentar un gran peligro social. Los funerales nos llaman a hacer elogios y traer a la memoria recuerdos gratos. Se miran las cosas bajo la mejor luz. No es momento de críticas o de una sinceridad brutal. Es tiempo de recordar los mejores momentos de la vida de aquel al que hemos perdido, aun cuando algunos de nosotros estemos muy felices de habernos deshecho de ese sinvergüenza.

Ahora, no me malinterpreten, no quiero crear problemas. Me doy cuenta de que su desconsolada familia y los amigos necesitan consuelo y no recibir un baldazo de agua fría. Soy consciente de que cada vida lleva la imagen de Dios, aun cuando haya sido malamente desfigurada. Me siento más que feliz al estar sentado en un servicio en el que el extraño tío Tom es descrito como «muy curioso y amante de la diversión», o a la exaltada Suzy se la describe como «luchadora y apasionada». Ni siquiera me molesta cuando al viejo mezquino del Sr. Wallen lo etiquetan de sensible y bondadoso aquellos que «realmente lo conocieron».

Pero hay algo que implica ir demasiado lejos. Es el punto en el que me retuerzo y me muerdo los labios si estoy entre los asistentes. Y es el punto en el que me rehúso a participar si es que soy la persona que está oficiando desde el frente: el momento en que se dice que el malvado tío Ernie está en un mejor lugar.

No es cierto, no lo está.

Aseveraciones que se hacen en un funeral

Jesús y la Biblia son muy claros: los malvados no van a un lugar mejor. Existe un infierno real. No se trata del patio de juegos del demonio. No se trata de una fiesta loca perpetua. Es la peor pesadilla de Satanás.[1]

Sin embargo, y como lo sabe cualquier pastor que haya oficiado en algún servicio conmemorativo, la presión social en cuanto a hacer aseveraciones positivas en un funeral, aun en lo que hace al malvado tío Ernie, resulta increíblemente fuerte. En el momento de la muerte, muchos de nosotros creemos (y queremos que nos lo confirmen) que el que acaba de partir ha ido a un mejor lugar a pesar de todo.

> *Existe un infierno real. No se trata del patio de juegos del demonio. No se trata de una fiesta loca perpetua. Es la peor pesadilla de Satanás.*

Pero se trata de un mito, de otra leyenda urbana espiritual completamente infundada. La gente que muere no siempre va a un lugar mejor. Puede ser que eso sea lo que deseamos creer. Suena bien. Pero no es verdad.

Y no es solo el malvado tío Ernie el que se lo va a perder. También la dulce señora de la casa de al lado, que puede nunca haber matado una mosca pero que tampoco dobló sus rodillas delante de Jesús. O aquel sobrino tan correcto en lo moral, pero que casualmente era un miembro activo de una secta que proclamaba que Jesús y Satanás eran hermanos y que Dios una vez fue hombre. O el compañero de trabajo, un budista sincero, que con paciencia y heroísmo luchó contra un cáncer, sin trazas de amargura gracias a su profunda confianza en los principios de su fe.

Si las palabras de Jesús y las enseñanzas del Nuevo Testamento significan lo que dicen, esa personas, amigos maravillosos, no están tampoco en un mejor lugar. Podemos desear que lo estuvieran. Pero no lo están.

Esto no es algo sobre lo que escribo con regocijo. Lo pongo por escrito con pesar en el corazón. Si yo estuviera a cargo del universo, las cosas serían diferentes. Pero no lo estoy. Y hasta el momento presente llevo descubierto que cada vez que Dios y yo hemos estado en desacuerdo sobre cómo hacer las cosas, el que ha tenido la razón ha sido siempre él.

Me parece que es por eso que lo llamamos Dios.

Expresión de deseo

Para la sensibilidad del día actual, la exclusividad de Cristo, la realidad del infierno y la necesidad de una salvación que incluya una piedad personal se han convertido en pasadas de moda, o en directamente ofensivas. Y no solo es nuestra cultura la que rechaza esas ideas; también lo hacen muchos cristianos.

La amplia negación que se hace de cualquier tipo de juicio real, o de un lugar llamado infierno, se vuelve más evidente que nunca cuando tratamos con el tema de la muerte. Es en este punto que se hace obvio que las afirmaciones positivas hechas en los funerales constituyen mucho más que una costumbre social. Para muchos, si no para todos, se trata de una creencia central que tienen profundamente arraigada.

Si no lo creen, intenten cuestionar el destino eterno de alguien que recientemente haya fallecido. Observen todas las muestras de disgusto que provocan. Vean si les es posible evitar una pelea a golpes de puño. Y no les sugiero que lo hagan durante el servicio fúnebre. No me refiero a sacar este tema dentro de la familia o entre los amigos cercanos. Me refiero a hacerlo dentro de una conversación casual, pasadas unas dos semanas, mientras tomamos un café con leche con un amigo mutuo.

Va a resultar interesante. Se los puedo asegurar.

Hay muchas formas en las que solemos justificar el que casi todas las personas que conocemos acaben yendo a un mejor lugar cuando mueren. Esos justificativos cambian según lo cercana que haya sido la persona y cuánto conociéramos acerca de ella.

Por ejemplo, en cuanto a las personas que siguen genuinamente a Cristo, eso es fácil. Jesús dijo que irían al cielo. ¿Y quiénes somos nosotros para rebatirlo?

Pero en cuanto a aquellos que evidentemente no han seguido a Cristo, tendemos a utilizar diferentes parámetros. Lo primero que buscamos es alguna evidencia de asentimiento con respecto a Dios en el pasado, aunque breve. No interesa que haya sido casual, de corta duración o que no mostrara ningún fruto espiritual. Si podemos encontrar algo así, eso resulta suficiente para que muchos de nosotros adquiramos confianza en cuanto a que ahora están seguros en la presencia del Señor.

> *Encontrar paz o brindar aliento basados en algún gesto de asentimiento hacia Dios, en la sinceridad, o en haber mostrado buen corazón, oculto tras malas acciones, sería como que un médico le dijera a un futbolista estrella que podrá jugar el*

> *siguiente partido, a pesar de que la placa de rayos*
> *que tiene en la mano revela una quebradura*
> *importante en la pierna.*

Si no podemos hallar evidencias de que haya habido un fugaz momento con Jesús, entonces nos referimos a otro parámetro: la virtud. Una vida esencialmente moral, en especial si ha ido acompañada de una creencia sincera en otro sistema de valores religiosos, es todo lo que muchos de nosotros necesitamos para tener certeza de que nuestro amigo o ser querido está ahora en un lugar mejor.

Aun cuando no encontremos demasiada moralidad o sinceridad, nos queda una carta por jugar. Es la carta del «buen corazón». Es como decir: «Sé que él tenía buen corazón. Sus intenciones eran buenas. Solo que se dejó arrastrar por un grupo inadecuado». Es la carta que jugamos cuando toda la evidencia indica otra cosa.

Pero aunque tratemos de encontrar consuelo y seguridad en razonamientos y gimnasia mental de este tipo, el consuelo que logramos es falaz. Resulta totalmente contrario a las Escrituras. Encontrar paz o brindar aliento basados en algún gesto de asentimiento hacia Dios, en la sinceridad, o en haber mostrado buen corazón, oculto tras malas acciones, sería como que un médico le dijera a un futbolista estrella que podrá jugar el siguiente partido, a pesar de que la placa de rayos que tiene en la mano revela una quebradura importante en la pierna. Puede ser que a alguno eso lo haga sentir bastante mejor. Temporalmente. Pero cuando llegue la fecha siguiente, el único partido de fútbol que ese joven jugará será en la pantalla de un videojuego.

El destino eterno no se determina por tener nosotros el deseo de que la gente vaya al cielo. No se decide porque todos digan que han ido allí. Está determinado por el lugar en el que nos coloca Dios (o, para ser más precisos, por el lugar en el que nos hemos colocado nosotros mismos).

No me culpen a mí; culpen a Jesús

Si todo esto les suena rudo o les impresiona como de mente estrecha, no me culpen a mí. Cúlpenlo a Jesús. Él es el que dijo que la senda es angosta y pocos entrarán por ella. Él no anduvo dándole vueltas al asunto. Habló acerca de él con frecuencia.[2]

Me resulta interesante que algunos eruditos intenten encontrar una explicación convincente sobre las partes incómodas de las enseñanzas de Jesús con respecto al cielo y al infierno diciendo que constituían una suerte de acuerdo con las creencias y convenciones religiosas de sus días. Pero eso no encaja con el Jesús acerca del que leemos en el Nuevo Testamento. Él pudo haber sido muchas cosas, pero no alguien acomodaticio. Fue un infractor en cuanto a eso de dar oportunidades iguales. Atacó y ensartó las vacas sagradas de todos, las del hombre de la calle, las de los teólogos y las de los líderes religiosos.

Pensemos en aquel momento en que provocó el inicio de una larga conversación de persona a persona con una mujer samaritana promiscua. O cuando eligió a un odiado recaudador de impuestos de nombre Mateo para estar dentro de su círculo íntimo. O sus repetidas violaciones de las tradiciones sabáticas, o el andar por allí con los pecadores, o el permitirle a una prostituta que le lavara los pies en público, mojándolos con sus lágrimas y secándolos con sus cabellos.[3] Todas esas cosas no nos hablan de una actitud acomodaticia.

Todos estos ejemplos hacen que nos resulte difícil creer que de pronto él hiciera una jugada en línea con los prejuicios y temores de sus días al hablar de que para entrar al cielo en verdad había ciertos requisitos. Simplemente no encaja.

Y lo que es más, se percibe con claridad que él no minimizó el temor al infierno. Todo lo contrario. Les dijo a sus seguidores que se preocuparan de aquel que los podía arrojar al infierno. Sin rodeos, les advirtió a los fariseos y a los eruditos religiosos que cuando murieran no habría modo de que despertaran en un mejor lugar. Y, por supuesto, es archiconocida su afirmación de que él es el *único* camino para llegar al Padre y al cielo, cosa con la que los apóstoles y el Nuevo Testamento se muestran también inflexibles.[4]

Así que, a menos que Jesús y sus apóstoles de alguna manera estuvieran equivocados con respecto a toda esta cosa del juicio y la eternidad (lo que constituiría una aseveración extraña para un cristiano), no hay razón para creer que aquellos que no siguen a Jesús de algún modo igual acabarán en un mejor lugar.

Según Jesús y el Nuevo Testamento, no resulta así.

El mito detrás del mito

La idea de que la gente que muere siempre va a un lugar mejor en realidad parte de otro mito. Pero se trata de un mito diferente del de la mayoría de las leyendas urbanas espirituales que hemos estado considerando porque, aunque se lo acepta ampliamente, es raro que se lo reconozca en público, en especial los cristianos que tienen mucha experiencia y desean mantener la reputación de ser cristianos que creen en la Biblia. Es una creencia que no se puede nombrar: la convicción de que todos los caminos con el tiempo llevan al mismo lugar a pesar de lo que Jesús pueda haber dicho.

Muchos cristianos muy versados bíblicamente saben que ese pensamiento no encaja con las palabras de Jesús ni con la Biblia. Pero cuando las cosas se vuelven extremas, cuando se trata del destino eterno de gente real a la que conocemos y amamos, un número importante de nosotros elegimos crear nuestra propia teología, para creer lo que queremos creer. Y eso nos ayuda a entender por qué nadie objeta cuando el predicador asegura que el tipo que se murió (quienquiera que fuera y haya hecho lo que hubiere hecho) está ahora en un mejor lugar.

En algunas ocasiones escuchamos lo que queremos oír

La creencia de que todos los caminos conducen al mismo lugar no solo se ha extendido más de lo que los líderes cristianos son capaces de percibir; también está más profundamente arraigada de lo que creemos. En muchos casos no importa lo que se proclame desde el púlpito o cuál sea la postura oficial de alguna iglesia o denominación. Creemos lo que queremos creer. Escuchamos lo que queremos oír.

El hecho es que, cuanto más se convierte nuestro mundo en una aldea global y cuanto más diversidad cultural existe en nuestra nación, más deseamos muchos de nosotros incluir a todas las personas como miembros de la familia espiritual, aun a aquellas que no están dispuestas a reconocer a nuestro Padre como *el* Padre.

Eso era lo que se escondía detrás de un correo electrónico que yo recibí un par de años atrás de un padre consternado por lo que se le había enseñado a su hija en nuestro ministerio con los chicos de los primeros años de secundaria. Decía algo así:

> El domingo mi hija llegó a casa muy disgustada. Sintió que su maestro estaba hablando mal de otras religiones y diciendo que la gente que sigue otras religiones está equivocada y no es aceptable ante Dios.
>
> Les hemos enseñado a nuestros hijos a ser cristianos, lo que significa que deben aceptar a todos los demás en lugar de juzgarlos. ¿Quién nos hace mejores que los demás? No hay una fila detrás de un cordón a la entrada del cielo en la que se admiten solo a ciertas religiones.
>
> Mi hija dice que eso la hizo sentir muy incómoda. Estoy seguro de que usted se dará cuenta de que algo así puede realmente herir los sentimientos y dañar las creencias de una persona joven.
>
> Por favor, vigile lo que se está enseñando a nuestros jóvenes. No debería basarse en la opinión de sus maestros. Debería ser algo cristiano.

El hecho de que este correo electrónico proviniera de un hombre que asistía regularmente a nuestros servicios (tomando notas y declarando sacar mucho de los mensajes) podría considerarse como una acusación en contra de nuestra enseñanza. Pero no lo creo. Repasé los últimos mensajes dados cerca del tiempo en que él envió su e-mail. Y entre ellos había al menos dos sermones que contradecían directamente todo lo expuesto por él. No eran oscuros. No eran sutiles. Fueron dados sin pelos en la lengua.

El problema no estaba en lo que a él se le había enseñado.

El problema estaba en la manera en que él había escuchado.

Al igual que muchas personas que ya tienen una idea formada, cuando se le presentaba una verdad que no le gustaba, la desechaba. Eso me recuerda a un grupo de alumnos con deficiencias auditivas de una escuela en la que una vez mi padre trabajó. Cuando no les gustaba lo que el maestro decía, apagaban sus audífonos. En esencia, eso era lo que este padre había hecho. Como resultado, parecía no haber escuchado jamás ni una palabra de lo que habíamos dicho.

Eso también explica por qué su correo electrónico no constituía una represión personal o un desafío a la postura de nuestra iglesia. Aun cuando él había escuchado las palabras que nosotros enseñamos en numerosas ocasiones, simplemente no las había registrado. Suponía que yo estaría tan disgustado como él y que lo apoyaría. Esperaba que yo arrojara a la leñera a todo nuestro equipo de trabajo con los adolescentes.

Por qué es esto tan importante

¿Por qué es tan importante? ¿Por qué no dejar una discusión tan incómoda y políticamente incorrecta para otro momento u otro lugar? Después de todo, a los conceptos de cielo e infierno se los considera un tema complicado.

La razón es simple. La cruz y la salvación son centrales para el evangelio. Una vez que perdemos el concepto real de lo que es el infierno, la consecuencia natural no es que solo estemos en desacuerdo con las Escrituras; con el tiempo eso devalúa la cruz, redefine la salvación y convierte la obediencia en un agregado espiritual que nos otorga un puntaje extra.

Como todo el resto de los mitos y leyendas urbanas espirituales que hemos considerado, la creencia acerca de que toda la gente que muere va a un mejor lugar no solo tiene que ver con un error de datos. Se trata de un error que inevitablemente conduce a resultados espirituales dañinos; en este caso, no solo para los que han adherido a él, sino para aquellos que nunca escucharán acerca de Jesús a causa de eso.

¿Qué es lo que ha pasado con la evangelización?

Uno de los peores efectos colaterales es lo que este mito le hace a la evangelización. Mata todo sentido de urgencia. Eso no solo nos daña como individuos (porque acabamos fallando en cuanto a hacer lo que Jesús nos ha mandado), sino que daña a todos aquellos a los que se espera que les hablemos de él.

Urgencia

Los creyentes de la iglesia primitiva sentían con tanta pasión la necesidad de evangelizar que estaban dispuestos a morir por intentarlo. Hoy muchos de nosotros vemos las cosas de un modo diferente. Ya no nos parece que valga la pena morir por la evangelización; es más, no consideramos que valga la pena causar tensión dentro una relación por su causa. El mayor obstáculo para presentar nuestra fe ya no es la pérdida de la vida, del trabajo o de la familia. Es el temor a pasar vergüenza. Eso basta para mantenernos a muchos de nosotros en silencio. No queremos parecer tontos; no queremos sentirnos rechazados.

¿Hasta qué punto es fuerte esta pérdida del sentido de urgencia? Me dicen aquellos que estudian estas cosas que un 50 por ciento de nuestras iglesias fallan en ganar aunque sea un convertido a Cristo por año. Por un lado, eso es difícil de cuadrar con el mandamiento de Jesús de ir a todo el mundo y hacer discípulos.[5] Pero por otro lado, tiene sentido si muchos de nosotros creemos que todos van a ir al cielo sea como fuere. En ese caso, ¿por qué arriesgarnos a pasar vergüenza, a ser entendidos mal, o a sentir que nos dejan de lado?

Arrogancia

Pero el mito de que todos los que mueren van a un lugar mejor no solo nos quita la urgencia por hablar de Cristo; hace que la misma idea de la evangelización parezca una imposición arrogante. Después de todo, si todos los caminos funcionan igual, ¿qué es lo que hace que nuestro sendero resulte mejor que los otros?

Ese era el pensamiento escondido detrás del e-mail airado que yo recibí. El papá de aquella muchachita suponía que los mormones, los testigos de Jehová y los musulmanes, todos ellos, tenían caminos adecuados para alcanzar la salvación. Así que cuando se puntualizaron las diferencias entre estas tres confesiones de fe y el cristianismo en la clase de la escuela dominical de los adolescentes, a él eso le resultó ofensivo. No podía comprender por qué querríamos nosotros desafiar las creencias de la gente que se siente feliz con el camino por el que anda.

Prioridades

Este mito también rebaja a la evangelización de otra manera. Relega la necesidad de salvación al último puesto de la fila. Una vez que definimos que seguir a Cristo es simplemente el mejor camino, pero no el único, entonces no pasa mucho tiempo antes de que determinemos que nuestros vecinos, la comunidad y el mundo enfrentan necesidades más apremiantes que conocer a Jesús.

Si ya se ha solucionado el asunto de la eternidad en lo referido a prácticamente todos, ¿por qué dedicar nuestro tiempo, energías y dinero, tan limitados, a intentar convertir a la gente? En lugar de eso, la compasión genuina nos llamará a ocuparnos de las apremiantes, inmensas e inmediatas necesidades que existen alrededor de nosotros; de las cosas de aquí y ahora.

> *Una vez que perdemos el concepto real de lo que es el infierno, la consecuencia natural no es que solo que estemos en desacuerdo con las Escrituras; con el tiempo eso devalúa la cruz, redefine la salvación y convierte la obediencia en un agregado espiritual que nos otorga un puntaje extra.*

No quiero decir que estas cosas no tengan importancia. Son increíblemente importantes. Ocuparse de los pobres es una señal del reino y un rasgo evidente de justicia. Son los malvados aquellos a los que no les importa nada. Y a todos se nos requiere justicia, misericordia y humildad.[6]

Pero Jesús también dijo: «¿Qué aprovechará al hombre si ganare todo el mundo, y perdiere su alma?»[7]

Cuando la conversión se hace innecesaria (apenas una oportunidad para hablar acerca de un mejor camino, en lugar de mostrar el único camino a Dios), entonces cavar un pozo, erradicar la enfermedad y proteger el medio ambiente obviamente tendrán la prioridad. Y en muchos casos, en poco tiempo la compasión y la liberación ya no se visualizarán como la otra cara de la moneda, o sea, la otra cara de la evangelización; se convertirán en la única cara de la moneda que de verdad importa.

¿Cómo fue que la obediencia se convirtió en puntaje extra?

Este mito no solo mata el celo evangelístico y el fervor. También va en detrimento de la obediencia. Cuando un gesto de reconocimiento hacia Dios es todo lo que hace falta para ponerse en orden con él, lo demás se convierte en puntaje extra.

No quiero decir que de alguna manera tengamos que ganarnos la salvación. Eso no se puede hacer. Dios no nos califica a través de una curva de puntaje. Nunca podríamos hacer las suficientes cosas buenas como para pagar la deuda que tenemos a causa de nuestros pecados. De otra manera, no habría habido necesidad de que Jesús muriera en la cruz.[8]

Pero al mismo tiempo, la presunción de que podemos vivir de cualquier modo y todavía confiar en que acabaremos en el cielo es una idea que Jesús y los autores del Nuevo Testamento encontrarían muy extraña.

Un joven buscador

Comparemos la forma en que Jesús trató con un joven que deseaba saber cómo heredar la vida eterna con la manera en que muchos de nosotros manejaríamos esa situación hoy. Jesús no le dio una oración que el pudiera recitar. No le preguntó si estaba listo y dispuesto para aceptarlo como Salvador. En lugar de eso, le dio una orden, y luego se quedó esperando para ver si la cumplía.[9]

Cuando el muchacho mostró que no estaba dispuesto, Jesús no le dijo: «Bueno, está bien. Comprendo. Por lo menos tenemos solucionado lo de tu vida eterna. Espero que algún días estés listo para volver y seguirme».

No. Dejó que el joven se fuera y entonces se volvió a sus seguidores y les contó una historia que ilustraba lo difícil que era entrar al cielo.

Ahora pongamos al mismo joven en la máquina del tiempo y hagamos que se presente para preguntarnos a alguno de nosotros como heredar la vida eterna. Apuesto a que muchos lo conduciríamos a hacer una oración y luego le entregaríamos un paquete de material de seguimiento lleno de información destinada a darle seguridad con respecto a su salvación y de sugerencias sobre algunas cosas que tal vez quisiera hacer para poder crecer en esta nueva fe que acaba de encontrar.

¿Un gangster cristiano?

En su libro *Loving God* [Amar a Dios], Chuck Colson cuenta la historia de un gangster de Hollywood, llamado Mickey Cohen.

Aparentemente Mickey asistió a una de las cruzadas de Billy Graham y luego decidió «aceptar a Cristo». Más adelante, cuando fue informado por los asociados de Graham acerca de que, como nuevo cristiano, tenía que cortar sus lazos con la mafia, Mickey se mostró incrédulo.

«Ustedes nunca me dijeron que tenía que abandonar mi carrera. Nunca me dijeron que tenía que dejar a mis amigos. Hay actores de cine cristianos, atletas cristianos, hombres de negocios cristianos. Entonces, ¿cuál es el problema con que yo sea un gangster cristiano? Si tengo que dejar todo eso –si ese es el cristianismo– déjenme afuera».[10]

Debo admitir que la respuesta de Cohen fue más bien extrema. No me he encontrado con mucha gente que piense que Dios estaría conforme con un cristiano que eligiera una carrera como la de gangster. Apuesto a que ustedes tampoco. Pero también apuesto a que conocen a más de un individuo que cree que puede estar bien con Dios mientras ignora la mayor parte de las cosas que él le manda hacer. Al igual que Cohen, han relegado la obediencia al estatus de una materia que recibe puntaje extra, y está pensada para aquellos que realmente se han metido en esta cosa de Jesús.

Establecer un campamento

La Biblia está llena de historias de personas que a pesar de conocer a Dios, llevaron a cabo cosas bastante infernales. Hallamos consuelo en ellas porque muchos de nosotros nos hemos encontrado alejados de Dios en algún punto, luego de haber llegado a conocerlo. Es probable que por eso la historia del hijo pródigo esté entre las favoritas. Muchos de nosotros hemos estado allí.[11]

Ciertamente la gente buena y piadosa puede *caer* en pecado (ya sea de repente, o como resultado de una serie de pasos dados en una dirección incorrecta). Y sin lugar a dudas, todos nosotros *luchamos contra el pecado*. Aun los escritores de las Escrituras.[12]

Pero, ¿*establecer un campamento* en tierra de desobediencia y luego quedarse allí y defenderlo como algo de poca monta? Bueno, eso, según la Biblia, es otra cuestión. No se trata de algo que los verdaderos cristianos harían. El apóstol Juan lo señaló de esta manera: «El que afirma: "Lo conozco", pero no obedece sus mandamientos, es un mentiroso y no tiene la verdad».[13]

¡Ayyy!

Eso fue muy duro. No encontramos allí mucho de la seguridad que se afirma en un funeral.

Sin embargo, no podemos decir que sea una escritura oscura. No se trata de uno de esos pasajes difíciles que podamos descartar o poner al costado con unos pocos versículos que los contrarresten. El apóstol Pablo dijo algo bastante parecido cuando nos advirtió que no nos engañáramos (es su palabra, no la mía) creyendo que aquellos que persisten en seguir un patrón de desobediencia voluntaria entrarán al reino de los cielos de todos modos.[14] Advertencias como esas me llevan a creer que la iglesia primitiva (al menos las iglesias de Corinto y Galacia) deben haber tenido una buen número de individuos viviendo en una desobediencia arrogante y a la vez suponiendo que la gente que moría iba a un lugar mejor de todos modos.

De otra manera ¿cuál sería la razón para esta advertencia? Nosotros también necesitamos tomar en serio esas advertencias hoy. Ellas no solo socavan el mito de que la gente que muere va a un mejor lugar, sin importar cómo haya vivido, sino que nos llevan a hacer una pausa si es que nos encontramos viviendo de cualquier manera mientras declaramos conocer a Jesús o creer todas las cosas correctas.

Liberados

Dado que aparentemente no es nada nuevo suponer que la gente puede formar parte del reino de Dios sin jamás seguir a Jesús a ningún lado, me pregunto si alguna vez resultó tan políticamente incorrecto hablar sobre el infierno durante el primer siglo como lo resulta hoy.

Sin embargo, Jesús dijo que la verdad nos iba a hacer libres. Siempre. Aun las verdades incómodas.[15]

Para aquellos de nosotros que aceptamos esta verdad incómoda e impopular, y vivimos por ella, la cruz y la salvación han vuelto a ocupar su lugar correcto en el centro del evangelio. La evangelización otra vez vuelve a ser una prioridad. Y la obediencia una vez más se convierte en la señal definitoria de lo que implica amar a Dios.[16]

LA GENTE QUE MUERE, ¿VA A UN LUGAR MEJOR?

—Yo soy el camino, la verdad y la vida —le contestó Jesús—. Nadie llega al Padre sino por mí.

JUAN 14:6

«Entren por la puerta estrecha. Porque es ancha la puerta y espacioso el camino que conduce a la destrucción, y muchos entran por ella. Pero estrecha es la puerta y angosto el camino que conduce a la vida, y son pocos los que la encuentran».

MATEO 7:13-14

Las obras de la naturaleza pecaminosa se conocen bien: inmoralidad sexual, impureza y libertinaje; idolatría y brujería; odio, discordia, celos, arrebatos de ira, rivalidades, disensiones, sectarismos y envidia; borracheras, orgías, y otras cosas parecidas. Les advierto ahora, como antes lo hice, que los que practican tales cosas no heredarán el reino de Dios.

GÁLATAS 5:19-21

PENSAMIENTOS FINALES

Una mañana veraniega, temprano me senté ante una humeante taza de café y el periódico *Los Angeles Times* para ponerme al día acerca de lo que estaba sucediendo en mi mundo. No había alcanzado a leer mucho cuando un breve artículo captó mi atención. Informaba a cerca de un extraño incidente que había acontecido en Jerusalén. También encerraba una fuerte advertencia con respecto al uso abusivo de aerosoles para combatir los insectos. Pero veremos más de eso después. Esto fue lo que leí:

JERUSALÉN (UPI) —Una mujer israelita, en su guerra suprema contra una cucaracha, ocasionó una serie de percances que llevaron a su desprevenido esposo al hospital con quemaduras, dos costillas rotas y la pelvis fracturada.
El incidente, informado el jueves por el Jerusalem Post, sucedió la semana pasada cuando una mujer de Tel Aviv, cuyo nombre no se ha dado a conocer, encontró una cucaracha en su sala. Pisoteó al insecto y lo arrojó dentro del inodoro. Como el bicho se rehusaba a morir, ella vació el envase de insecticida dentro de la taza del inodoro para acabarlo.
Su desprevenido esposo llegó del trabajo a la casa pocos momentos después, se sentó en el inodoro y encendió un cigarrillo. Cuando acabó de fumarlo, arrojó la colilla dentro del inodoro.

El cigarrillo encendió los vapores del insecticida y les quemó «las partes sensibles», según informó el Post.

Mientras los paramédicos bajaban al hombre por las escalinatas de su casa, le preguntaron cómo se habían producido esas quemaduras tan peculiares. Cuando él les respondió, les dio risa y accidentalmente dejaron caer la camilla, causándole al hombre más lesiones, informó el Post.[1]

Difícil de creer

Me reí y le mostré el artículo a mi mujer. Pero recuerdo haber pensado que me resultaba difícil creer que hubiera sucedido algo así. Nada en esa historia me sonaba real ni de acuerdo con las propias experiencias de mi vida.

Me costaba imaginar que alguien vaciara un envase de insecticida en un baño pequeño sin asfixiarse mucho antes de terminar su tarea. No podía entender que alguien entrara inmediatamente después y se sentara en el inodoro. El baño tendría un fortísimo olor. Y, aunque no soy fumador, me resultaba muy difícil imaginar de qué forma ese tipo con las partes íntimas chamuscadas pudo haberse sentado en el inodoro, fumar un cigarrillo y arrojar las cenizas dentro al mismo tiempo; a menos que, por supuesto, fuera un artista del Cirque du Soleil.

Pero nada de eso importaba en realidad. Obviamente era una historia verdadera. No se trataba de un mito pasado de unos a otros a través de corrillos. Su fuente no era una vieja tía, muerta ya hacía tiempo, que solía conocer al mejor amigo de un paramédico que alguna vez trabajó con uno de los tipos que dejaron caer al hombre que tenía esas quemaduras embarazosas.

No, ese era un asunto real, informado por nada menos que *Los Angeles Times*, el *Jerusalem Post*, y United Press International. Esos tipos sometían a investigación su material. Eran fuentes autoritativas que otros medios de noticias y presentadores de informativos citaban.

Así que hice lo que haría la mayoría de nosotros al escuchar algo que no encaja con nuestra experiencia y no tiene sentido, pero que a la vez nos llega de una fuente altamente creíble. Lo creí. Y hasta se los transmití como advertencia a mis amigos fumadores. ¡Tengan cuidado de no usar demasiado insecticida en aerosol!

Pero solo un par de días después descubrí algo más. Se trataba de una pequeña nota enterrada en las páginas finales del periódico, junto con una cantidad de otras cosas que nadie lee jamás. No estoy seguro acerca de por qué me llamó la atención, pero así fue.

Era una retractación.

Parece que el periódico *Los Angeles Times* se había hecho eco de una leyenda urbana. Y no solo el *Los Angeles Times*, sino también el *Jerusalem Post* y UPI.

¿Cómo era posible?

¿Cómo podía una organización de nivel mundial como el periódico *Los Angeles Times*, con una enorme cantidad de personal que analiza todo lo que aparece en sus páginas, haber caído en algo tan inverosímil como esa broma israelí?

> *¿De qué modo podemos protegernos de los mitos y leyendas que se nos crucen en el camino? Encontramos la respuesta al hacernos dos preguntas básicas: (1) ¿De qué manera encaja esta idea o enseñanza con la forma en que la vida funciona en realidad?, (2) ¿De qué forma encaja esta idea o enseñanza con lo que dice la Biblia?*

El hecho es que fueron engañados por una leyenda urbana de la misma manera en que ustedes y yo somos engañados por las leyendas urbanas espirituales. Creyeron en aquello, principalmente debido a lo confiable de la fuente de la que provenía; y eso opacó el hecho de que la historia contradecía el sentido común y toda una vida de experiencias diversas. El *Jerusalem Post* lo creyó. UPI lo creyó. Y también lo creyó el diario *Los Angeles Times*… y lo retransmitió.

Nosotros caemos en la misma trampa en la esfera espiritual cuando permitimos que nuestra cosmovisión y nuestros paradigmas espirituales se fundamenten en lo que siempre hemos escuchado (o en lo que todos los demás creen) más que un cuidadoso análisis que se pregunta «¿Será verdad?»

Como lo hemos visto al desenmascarar las diez leyendas urbanas espirituales contenidas en este libro, cuando estas son sometidas a un examen más meticuloso no logran pasar la prueba del sentido común, de la manera en que las cosas realmente funcionan en la vida, y de lo que en verdad dice la Biblia.

Sin embargo, y a pesar de todo, algunos todavía las creen. Tal como la leyenda del inodoro que explotó, han obtenido su credibilidad debido a que las transmiten fuentes acreditadas: amigos, maestros de escuela dominical, líderes de estudios bíblicos, y pastores.

Dos preguntas simples

Entonces, ¿cuál es la mejor manera de evitar que eso nos suceda? ¿Cómo protegernos no solo de estas diez leyendas urbanas espirituales, sino de todos los mitos y leyendas que puedan cruzársenos en el camino?

Encontramos la respuesta al hacernos continuamente dos preguntas básicas antes de creer y actuar en base a cualquier cosa que nos presenten como un principio o una verdad bíblica, independientemente de la fuente de la que nos llegue: (1) ¿De qué manera encaja esta idea o enseñanza con la forma en que la vida funciona en realidad? (2) ¿De qué forma encaja esta idea o enseñanza con lo que dice la Biblia? Y no solo lo que encontramos en un versículo, sino en toda la Biblia.

Los genuinos principios y promesas de las Escrituras no tendrán problema en pasar a través de ese filtro. Las ideas cliché, las leyendas urbanas y los mitos de la escuela dominical fallarán.

¿Quién corrió la línea?

Sin embargo, ni aun las preguntas correctas nos pueden librar si no tenemos la disposición de aceptar las respuestas que no queremos oír.

Constantemente me sorprendo por la cantidad de personas con las que me encuentro que determinan ellas mismas lo que van a creer, no tanto basándose en los hechos sino en cómo les gustaría que fuesen las cosas. Y no solo en la esfera espiritual. Se puede apreciar esto mismo en la manera en que enfocan prácticamente todo, desde los enunciados científicos hasta su manera de relacionarse con otros, y desde sus finanzas personales hasta sus cuestiones médicas.

Me recuerdan a los líderes de una aldea que fue diezmada por el tremendo terremoto de Turquía en 1999. Aparentemente treinta años antes el gobierno había advertido a los líderes de esa aldea sobre el hecho de que el pueblo estaba situado justo encima de una línea de falla geológica importante. Se les informó que debían trasladarse. Pero en lugar de trasladarse, se reunieron en solemne asamblea y decidieron volver a trazar el mapa geológico, corriendo la línea de falla en todos los mapas regionales de modo que ya no mostrara que su aldea estaba en peligro.[2]

Como toda quimera, funcionó por un tiempo. De hecho, durante casi tres décadas les trajo alivio a aquellos que vivían en ese pueblo. Les evitó el fastidio de tener que mudarse. Los mantuvo conectados con su patrimonio cultural. Sustentó el valor de las propiedades. Y no dañó a nadie; es decir, hasta que los golpeó el terremoto.

Podemos hacer lo mismo espiritualmente. Cuando nos encontramos con una verdad que no nos gusta, podemos correr la línea. Y la verdad es que cuando lo hacemos eso puede funcionar bastante bien… por un tiempo.

Pero tarde o temprano, la verdad se deja ver.

Creo que por eso es tan importante que aprendamos del ejemplo de los de Berea. Como lo hemos visto en las páginas de apertura de este libro, ellos establecieron el patrón para destruir los mitos espirituales. Aun el apóstol Pablo no fue inmune a la actitud de ellos, que requería «pruébelo». Ellos escudriñaban las Escrituras a diario para ver si lo que él decía era así. No se trataba de una falta de fe; era amor por la verdad.[3]

Ese es un patrón digno de seguir. Tenemos que admitir que a veces nos veremos enfrentados con algunos aspectos de la sabiduría y comprensión convencional de las cosas en nuestros días. Pero si este ejercicio nos alinea con las Escrituras y la forma en que funciona la vida, es un buen lugar en el que permanecer. No sirve de nada correr la línea de la falla geológica.

> «Si llamas a la inteligencia y pides discernimiento: si la buscas como a la plata, como a un tesoro escondido, entonces comprenderás el temor del Señor y hallarás el conocimiento de Dios. Porque el Señor da la sabiduría; conocimiento y ciencia brotan de sus labios. El reserva su ayuda para la gente íntegra y protege a los de conducta intachable. Él cuida el sendero de los justos y protege el camino de sus fieles. Entonces comprenderás la justicia y el derecho, la equidad y todo buen camino; la sabiduría vendrá a tu corazón, y el conocimiento te endulzará la vida. La discreción te cuidará, la inteligencia te protegerá».
>
> PROVERBIOS 2:3-11

Guía de debate

El libro *10 COSAS TONTAS QUE CREEN LOS CRISTIANOS INTELIGENTES* ha sido diseñado para llevar a la reflexión. Su desafío frontal a los clichés espirituales y a ciertas creencias ampliamente sustentadas por muchos hará que algunos lectores se sientan como si a sus propias vacas sagradas se les hubiera dado una estocada. Otros recibirán la tonificante confirmación de que no son los únicos que han notado que el emperador estaba desnudo. Pero más allá de la forma en que nos haga sentir, lo que verdaderamente importa es cómo estas ideas y las leyendas urbanas espirituales que ellas cuestionan, encajan con las Escrituras.

Por eso lo mejor es leer el libro con una lapicera a mano y la Biblia al alcance.

Para muchos una manera aun mejor de obtener el máximo provecho de sus páginas es reunirse con un grupo de amigos y trabajar las preguntas de estudio capítulo por capítulo. Ya sea que seamos cristianos de larga data en busca de nuevas perspectivas, o personas que simplemente están mirando la vidriera para ver si el cristianismo las convence, esas preguntas nos provocarán a la reflexión y resultarán esclarecedoras.

También descubriremos que las repuestas no solo se remiten al contenido de este libro. Muchas de ellas nos llevarán a las Escrituras para encontrar esas respuestas. El formato de ir capítulo por capítulo fácilmente se acomoda a un programa de diez semanas.

Sacaremos mayor provecho del estudio en conjunto si cada uno escribe sus respuestas antes del encuentro. Eso, debido a que la primera persona que habla ante un grupo a menudo establece el tono y la dirección, y que los demás se remitirán a eso en sus respuestas, para encajar con el resto. Pero al llegar con las propias respuestas ya escritas, la tentación a sumarse a lo que ya ha sido dicho se puede soslayar. Como resultado se darán respuestas más auténticas y se producirá una profundización y ampliación mayor del tema en todo el grupo.

De paso, no sintamos que todas las personas deben responder a cada una de las preguntas. Basémonos en aquellas que resulten más útiles y estimulantes, y pasemos rápidamente sobre las que tienen menos posibilidades de funcionar, o aún salteémoslas por completo. No se trata de un examen sino de una herramienta para acicatearnos a llevar a cabo un estudio más profundo que nos ayude a desarrollar una cosmovisión y un estilo de vida que se alineen mejor las Escrituras.

Si prefieren hacer la travesía solos, estas preguntas también les resultarán beneficiosas. Han sido pensadas para trasladar los conceptos y principios del idealismo de la página escrita al desordenado mundo de la vida real. Nos ayudarán a pensar, reconsiderar, y en ocasiones a hacer más sólida nuestra comprensión de lo que significa transcurrir la vida a la luz de la Palabra de Dios y de la verdad.

Bendiciones en su travesía.

Larry Osborne

Primera idea tonta: La fe lo puede solucionar todo

La fe de John y el cáncer de Susan ■ Por qué el pensamiento positivo no puede cambiar nada ■ El gran problema de la fe en la fe ■ De qué manera el idioma inglés lo embarulla todo ■ De qué modo a veces la fe empeora las cosas ■ Podemos apostar a que los niños jamás oirán esta historia en la escuela dominical ■ Una cosa que la fe siempre puede solucionar ■ Lo que alguien despistado geográficamente y un GPS tienen en común con la vida de fe

1. Qué principios o perspectivas de este capítulo encuentra:
   - más útiles
   - que implican un mayor desafío
   - más perturbadores
   - ¿por qué?

2. Antes de leer este capítulo, ¿de qué manera hubiera reaccionado ante la declaración: «La fe lo puede solucionar todo»?

¿Hubiera estado de acuerdo o en desacuerdo con esta afirmación? ¿Por qué?

3. ¿Alguna vez ha estado en una situación semejante a la de John, en la que sintió que tenía absoluta fe en que Dios iba a aparecer y solucionar el asunto, solo para descubrir luego que él había hecho algo diferente?
- Si fue así, ¿de qué modo impactó eso su caminar con Dios, y sus ideas con respecto a la fe?
- Si no fue así, ¿lo ha visto en alguna otra persona? ¿Qué impacto causó eso en su andar con Dios?

4. Hemos descubierto que el idioma inglés tiende a tratar los términos fe, creencia y confianza como tres conceptos completamente distintos, en tanto que el original griego del Nuevo Testamentos no establece tal distinción. ¿Cómo cree que la mayoría de las personas que conoce definiría cada uno de ellos?
- fe
- creencia
- confianza

5. Lea la historia de la liberación de Pedro de la prisión que aparece en Hechos 12:1-19.
- Anote cada elemento de sorpresa o de duda que pueda descubrir en esa historia.
- Ahora anote todo lo que muestra una obediencia fiel a pesar de las dudas.

6. Lea Hebreos 11:29-40. ¿Con qué frecuencia ha escuchado un sermón o estudio (si es que alguna vez lo ha oído) que enfocara los últimos versículos de este pasaje (35 al 40)?
- ¿Por qué piensa que es así?
- ¿Cómo lo impresionaron estos versículos cuando los leyó por primera vez?

Segunda idea tonta: Perdonar significa olvidar

Cuatro ideas bobas con respecto al perdón ■ *El mito de un Dios que olvida* ■ *Las dos esferas del perdón* ■ *¿La justicia y el perdón se excluyen mutuamente?* ■ *Las extrañas matemáticas de llevar las cuentas; por qué casi siempre esto resulta inadecuado* ■ *La fuerza que hay en un buen espejo* ■ *Algo acerca de lo que calvinistas y arminianos pueden discutir* ■ *La oración de permiso* ■ *Por qué podríamos querer realizar una incursión por el pecado, y de qué modo Dios nos sale al encuentro allí*

1. Qué principios o perspectivas de este capítulo encuentra:
   * más útiles
   * que implican un mayor desafío
   * más perturbadores
   * ¿por qué?

2. Antes de leer este capítulo, ¿de qué manera hubiera reaccionado ante la declaración: «Perdonar significa olvidar»?
¿Hubiera estado de acuerdo con esa afirmación o en desacuerdo con ella? ¿Por qué?

3. La historia de la lucha de Aaron por perdonar el asesinato de su hijo indica lo erróneo de suponer que perdonar significa actuar como si nada hubiera sucedido. ¿Alguna vez se encontró luchado por perdonar debido a que suponía lo mismo, o a que tenía el sentir de que al perdonar el otro se saldría con la suya?
   * Si es así, ¿qué sucedió y de qué manera impactó su propia vida?
   * Si no fue así, ¿ha visto esta misma reacción en algún otro? ¿De qué manera pareció impactar en esa persona?

4. Este capítulo señala que las palabras *olvidar* y *recordar* en el idioma inglés mayormente se refieren a nuestra capacidad, o no, de almacenar algo en nuestra mente, en tanto que en la Biblia mayormente se refieren a que Dios ignora o renueva su

enfoque sobre alguien o algo. ¿Lo convence esto? ¿Adhiere a esta argumentación?

- Si no es así, ¿por qué?
- Si es así, ¿de qué manera se relaciona esto con la forma en que usted personalmente debería perdonar a otros?

5. El perdón de Dios no siempre (o, al menos, no con frecuencia) elimina todas las consecuencias terrenales. No hay historia que lo ilustre mejor que la del pecado de David con Betsabé. Lea 2 Samuel 12:1-20 y anote todo lo que dice o deja implícito con respecto al pecado, al perdón y a las consecuencias. Asegúrese de anotar no solo lo obvio, sino también todas las implicaciones sutiles que logre encontrar.

6. Al final de este capítulo sugerimos dos herramientas útiles para esos momentos en los que el perdón parece fuera del alcance (la oración de permiso y la caminata de los pecados). En algún momento durante la semana, realice su propia caminata de los pecados y luego apunte sus observaciones.

- ¿Qué aprendió sobre Dios?
- ¿Qué aprendió sobre usted mismo?
- ¿Hay algo que deba hacer en respuesta?

Tercera idea tonta: Un hogar piadoso garantiza tener hijos piadosos

Por qué detestan Don y Sharon que sus amigos muestren fotografías familiares ■ *El optimismo de aquel que entierra su cabeza en la arena que se percibe en Mike y Rhonda* ■ *Esa promesa en la que confían muchos padres pero que realmente no es una promesa; por qué señalamos que no dice lo que la mayoría de la gente piensa que dice* ■ *De qué modo B. F. Skinner entró a hurtadillas en nuestras iglesias* ■ *El orgullo tonto de Mitch* ■ *De qué manera las «Diez reglas para criar hijos devotos» se convirtió en las «Tres sugerencias para sobrevivir a la paternidad»* ■ *Por qué razón con frecuencia los niños malos se convierten en excelentes adultos*

1. Qué principios o perspectivas de este capítulo encuentra:
* más útiles
* que implican un mayor desafío
* más perturbadores
* ¿por qué?

2. Antes de leer este capítulo, ¿de qué manera hubiera reaccionado ante la declaración: «Un hogar piadoso garantiza tener hijos piadosos»?
¿Hubiera estado de acuerdo o en desacuerdo con esa afirmación? ¿Por qué?

3. Lea Proverbios 1:1-6. ¿De qué manera reacciona usted ante la declaración y las observaciones acerca de que los proverbios no son promesas? ¿Lo considera un pensamiento nuevo o es algo que ya sabía anteriormente o sobre lo que había recibido enseñanza?
* Realice un rápido estudio y consideración del libro de los Proverbios o de unos pocos capítulos. Tome nota de cualquier versículo que describa la forma en que la vida funciona generalmente pero sobre la que usted personalmente haya visto alguna excepción clara.

4. Proverbios 22:6 se ubica en el mismo centro de la tormenta cuando se trata del mito referido a que un hogar piadoso garantiza tener hijos piadosos. Léalo de nuevo. Y luego anote sus observaciones.
* ¿Por qué cree que tanta gente supone que ese versículo promete que aquel que sea rebelde regresará?
* ¿Qué beneficios piensa que pueden resultar de comprender ese versículo correctamente? (Anote todos los que le vengan a la mente).

Lea Deuteronomio 6:5-7 y Efesios 6:4.
* ¿Qué nos dicen esos versículos con respecto a nuestra responsabilidad personal?

• ¿De qué maneras podemos llevar a la práctica esas instrucciones hoy?

6. Lea en 1 Samuel 2:22-24, 3:11-18, 4:14-18 la triste historia del fracaso de Elí en cuanto a refrenar a sus hijos, y luego lea Ezequiel 18:1-20.
   • ¿Por qué cree que Elí hizo tan poco por detener a sus hijos de obrar mal?
   • ¿De qué modo se reconcilia la falta de restricciones que mostró Eli con respecto a sus hijos con las declaraciones de Ezequiel 18:1-20?

7. Solo por diversión. Si tuviera que asignarle un porcentaje a las cosas que más influyen sobre la personalidad y el carácter (antes y después de conocer a Cristo) ¿qué proporción le daría a cada uno de estos aspectos?
   • la genética: _____%
   • el medio ambiente: ____%
   • las elecciones: _____%

Cuarta idea tonta: Dios tiene un plan detallado para mi vida

¿Por qué la búsqueda de Dios se parece a la búsqueda de un huevo de Pascua? ■ *Por qué la idea de un proyecto o un plan detallado constituye una mala metáfora en cuanto a la voluntad de Dios; y por qué la estrategia resulta una excelente metáfora en lo referido a la voluntad de Dios* ■ *¿Existe alguna razón por la que el Nuevo Testamento ignora prácticamente el tipo de decisiones sobre las que nosotros solemos poner el énfasis?* ■ *Por qué Dios no consulta, y qué sucede cuando nosotros creemos que él lo hace* ■ *De qué manera la obediencia hace que todo resulte mejor (hasta algunas decisiones pésimas)*

1. Qué principios o perspectivas de este capítulo encuentra:
   • más útiles
   • que implican un mayor desafío

- más perturbadores
- ¿por qué?

2. Antes de leer este capítulo, ¿de qué manera hubiera reaccionado ante la declaración: «Dios tiene un plan detallado para mi vida»?
¿Hubiera estado de acuerdo o en desacuerdo con esta afirmación? ¿Por qué?

3. Volvamos a la historia del grupo universitario al que se le pidió que describiera a la pareja ideal. ¿Cómo hubiera respondido usted si se le hubiera asignado esa tarea? ¿De qué modo hubiera contestado la pregunta: «¿Por qué querría esa persona casarse *conmigo*»?
- Lo más importante cuando se trata de la propia vida y de la voluntad de Dios es: ¿En que estoy más concentrado en este momento, en encontrar algo o en convertirme en alguien?
- ¿Qué evidencias tiene al respecto?
- ¿Qué cambios lo ayudarían a enfocarse mejor en el tema de convertirse en alguien?

4. Resulta obvio que hay tiempos y situaciones en los que Dios tiene un plan para las personas. Aquí presentamos dos ejemplos. Léalos y luego anote sus observaciones en lo que se refiere a la voluntad de Dios.
- Jonás 1:1-3:3
- Oseas 1:1-3 y 3:1

5. Se señaló en este capítulo que visualizar la voluntad de Dios como un plan detallado nos puede paralizar cuando se trata de tomar decisiones. ¿Alguna vez se sintió paralizado por el temor a tomar una decisión incorrecta?
- Si fue así, ¿qué sucedió?
- Si no fue así, ¿ha visto sucederle eso a otros? ¿Con qué resultado?

6. Cuánto más obedecemos lo que ya conocemos, más luz de Dios recibimos. Lea cada uno de los siguientes versículos y anote lo que cada pasaje le dice con respecto a la voluntad de Dios.
- Proverbios 4:18-19
- Efesios 5:17-18
- Efesios 6:5-8
- 1 Tesalonicenses 4:3-8
- 1 Pedro 2:13-14

Quinta idea tonta: Los cristianos no deberían juzgar

Cómo lograr que nuestros amigos no cristianos citen la Biblia ■ *Por qué el «no juzgues» no significa lo que la mayor parte de la gente cree* ■ *Cuándo y de qué forma cambió la idea de tolerancia, pasando de «Tienes derecho a estar equivocado» a «Nadie está equivocado» ■ La enfermedad de la viga en el ojo* ■ *¿En realidad, Dios no se habrá olvidado de poner ciertas cosas importantes en la Biblia?* ■ *¿Por qué es una mala idea juzgar a los no cristianos según pautas cristianas?* ■ *¿Son incompatibles el juicio y la gracia?*

1. Qué principios o perspectivas de este capítulo encuentra:
- más útiles
- que implican un mayor desafío
- más perturbadores
- ¿por qué?

2. Antes de leer este capítulo, ¿de qué manera hubiera reaccionado ante la declaración: «Los cristianos no deberían juzgar»? ¿Hubiera estado de acuerdo o en desacuerdo con esa afirmación? ¿Por qué?

3. El capítulo nos hace notar que el término *tolerancia* ya no significa tener la libertad de estar equivocado; ahora significa que todo el mundo está en lo correcto.

- ¿De qué manera esta redefinición moderna ha impactado su vida y su perspectiva?
- ¿Por qué le parece que tanta gente cree que la sinceridad es todo lo que hace falta para que algo resulte verdadero en la esfera de lo espiritual?
- ¿De qué manera percibe que eso impacta su propia manera de pensar y sus valores?

4. Presentamos aquí algunas escrituras que describen la manera apropiada de juzgar. Considere cada una de ellas y anote sus observaciones.
- Mateo 7:1-6
- 1 Corintios 5:9-13
- Gálatas 1:6-9
- 2 Tesalonicenses 3:14-15
- 1 Juan 2:3-6

5. En algunas ocasiones intentamos ayudar a Dios juzgando en áreas sobre las que él no parece preocuparse mucho, o en las que nos ha dado libertad de elección. Aquí van algunos pasajes que hablan de esa tendencia. Anote el punto principal de cada uno.
- Proverbios 30:5-6
- Romanos 7:15-25
- Romanos 14:1-15:7

6. La antigua frase cliché de amar al pecador pero odiar el pecado es algo que en realidad cumplimos muy bien con respecto a nosotros mismos. ¿Puede pensar en alguien al que debería ofrecerle esa clase de gracia también?

Sexta idea tonta: Todo sucede por alguna razón

El cáncer de Nancy ■ *Charlas sin un rumbo y otras cosas estúpidas que la gente dice* ■ *De qué manera Romanos 8:28 se ha convertido en el versículo bíblico peor interpretado y citado* ■ *Dos condiciones que la mayoría de las personas parecen no tener en cuenta* ■ *¿Las heridas auto infligidas son obra de Dios?* ■ *Por qué Murphy cuenta* ■ *¿Puede algo malo ser bueno?* ■ *Por qué podemos desear que Jesús espere un poco antes de regresar* ■ *El poder de un camino llamado obediencia*

1. Qué principios o perspectivas de este capítulo encuentra:
   - más útiles
   - que implican un mayor desafío
   - más perturbadores
   - ¿por qué?

2. Antes de leer este capítulo, ¿de qué manera hubiera reaccionado ante la declaración: «Todo sucede por una razón»? ¿Hubiera estado de acuerdo con esta afirmación o en desacuerdo con ella? ¿Por qué?

3. ¿Alguna vez ha sido receptor de ciertas frases clichés, bien intencionadas pero que lastiman, semejantes a las que Nancy recibió durante su cáncer?
   - Si fue así ¿cómo reaccionó?
   - Si no fue así, ¿alguna vez intentó ser la persona que transmitiera palabras de ánimo buscando ayudar?
   - ¿De qué forma reaccionó la gente?

4. En este capítulo vimos que Romanos 8:28 nos presenta ciertas condiciones que con frecuencia pasamos por alto. ¿Qué es lo que nos dicen los siguientes versículos con respecto a esas condiciones?
   a. ¿Quiénes son los que «lo aman»?
   - Juan 14:15
   b. ¿Quiénes son los «llamados de acuerdo con su propósito»?
   - Romanos 1:5-7
   - 1 Timoteo 6:12
   - 2 Timoteo 2:10

5. Incluimos aquí dos versículos que hablan sobre nuestra

tendencia a declarar que algo malo en realidad resultó bueno debido a lo que Dios pudo sacar de ello. Léalos y anote sus reflexiones.
- Génesis 50:20
- Isaías 5:20

6. Cuando se trata de las peores cosas que le han sucedido en la vida y en la vida de gente que conoce, ¿qué porcentaje le asignaría a cada una de las siguientes categorías, y por qué?
- heridas autoinfligidas por el pecado: ___%
- heridas autoinfligidas debidas a una decisión estúpida ___%
- consecuencias inevitables de vivir en un mundo caído: ___%
- el plan A de Dios: ___%

Séptima idea tonta: Permite que tu conciencia te guíe

La clase de persona a la que nunca he podido ayudar ■ *Las meditaciones de un evasor de impuestos* ■ *El código de ética Jiminy Cricket: por qué tanta gente confía en él y por qué hacerlo no es inteligente* ■ *En qué sentido nuestra conciencia se asemeja más a un termostato que a un termómetro* ■ *Puntos ciegos y un mal software* ■ *Lo que una enfermedad del corazón le hace a nuestra conciencia* ■ *Lo que la conciencia de todos realiza con una exactitud infalible*

1. Qué principios o perspectivas de este capítulo encuentra:
- más útiles
- que implican un mayor desafío
- más perturbadores
- ¿por qué?

2. Antes de leer este capítulo, ¿de qué manera hubiera reaccionado ante la declaración: «Permite que tu conciencia te guíe»?

¿Hubiera estado de acuerdo o en desacuerdo con esa afirmación? ¿Por qué?

3. ¿Alguna vez tuvo que tratar con alguien cuyas elecciones tontas o pecaminosas pusieron patas arriba su vida, pero que de todos modos se rehusó a asumir su responsabilidad porque señalaba que había estado siguiendo los dictados de su conciencia? Si fue así, ¿qué sucedió con esa persona?

4. ¿Alguna vez por seguir los dictados de su conciencia tomó una decisión realmente mala?
   • Si fue así, ¿qué sucedió?
   • ¿Qué aprendió de esa experiencia?

5. Este capítulo señala que nuestra conciencia se parece más a un termostato que nosotros graduamos en una zona conveniente que a un termómetro que simplemente hace una lectura apropiada de los datos.
   • ¿Recuerda algún momento en el que volvió a graduar, o recalibró, su conciencia de manera que lo que antes le parecía algo erróneo luego se veía como correcto, o viceversa?
   • ¿Qué lo llevó a introducir ese cambio?
   • ¿Puede pensar en algún punto ciego, espiritualmente hablando, que tenía anteriormente y que luego se volvió algo perfectamente claro?

6. Lea 1 Corintios 4:4. ¿Qué impresión le causa que un apóstol tenga este sentir con respecto a su conciencia?

7. Lea Romanos 12:2 y 2 Timoneo 3:16-17.
   • ¿Qué está haciendo en este momento para asegurarse de tener la conciencia calibrada de un modo apropiado?
   • ¿Hay algo que debería comenzar a hacer, o dejar de hacer, para alinear mejor su conciencia con el corazón y los valores de Dios?

Octava idea tonta: Dios nos trae buena suerte

Por qué nos preocupamos cuando alguien procura ser el último de la fila ■ La «inusual» selección de términos que hizo Tim ■El alto costo que implican las promesas infundadas y poco realistas ■ La mujer de Job y el diario de Asaph ■ Los cristianos tipo Eddie Haskell: ¿realmente piensan que Dios es estúpido? ■ ¿Y nosotros? ■ Por qué nunca es una buena idea juzgar el banquete de un rey por los entremeses que se sirven al principio ■ Una frase cliché que no solo es errónea sino que constituye un absurdo total ■ Por qué una vida abundante puede no resultar tan abundante

1. Qué principios o perspectivas de este capítulo encuentra:
   - más útiles
   - que implican un mayor desafío
   - más perturbadores
   - ¿por qué?

2. Antes de leer este capítulo, ¿de qué manera hubiera reaccionado ante la declaración: «Dios nos trae buena suerte»? ¿Hubiera estado de acuerdo o en desacuerdo con tal afirmación? ¿Por qué?

3. Este capítulo nos cuenta la historia de los exabruptos de Tim.. ¿Alguna vez conoció a alguien que abandonó a Dios porque la vida no funcionaba de la manera en que él creía que debía funcionar?
   - Si es así, ¿qué sucedió?
   - ¿Aprendió usted algo al observar ese caso?

4. Lea el Salmo 73. ¿Alguna vez pasó por el mismo tipo de confusión que Asaf?
   - Si es así, ¿qué la ocasionó?
   - ¿Sucedió luego algo que pusiera las cosas en perspectiva?

5. Los cristianos tipo Eddie Haskell parecen pensar que Dios es estúpido, o por lo menos que no puede ver lo que sucede

fuera de la iglesia. ¿En qué lugar ha observado ejemplos de un cristianismo tipo Eddie Haskell o de un cristianismo cultural vacío?

- ¿Qué impacto producía ese cristianismo sobre aquellas personas que lo vivían?
- ¿Cuál era el impacto sobre los no cristianos que los observaban?

6. Aquí incluimos algunos pasajes que sugieren que seguir a Dios no siempre produce buena suerte. Lea cada uno de ellos y anote sus observaciones.

- Job 1-2
- Proverbios 11:8
- Proverbios 24:15-16
- Marcos 13:13
- Lucas 9:22-23
- Efesios 1:17-21

Novena idea tonta: Estar en el valle significa haber tomado un rumbo equivocado

Por qué nuestros años oscuros no tuvieron nada que ver con un rumbo equivocado ■ De qué manera los valles extensos pueden hacer que el consejo de nuestros amigos no valga prácticamente de nada ■ Tres preguntas simples y sencillas que disipan la niebla ■ El tipo de valle que no deseamos abandonar prematuramente ■ Atajos que no queremos tomar aun cuando funcionen ■ El día en que un grupo de tipos con carros de hierro demostró ser más fuerte que un grupo de muchachos con Dios de su lado ■ Qué hacer cuando Dios dice: «Consigue alguien que te ayude»

1. Qué principios o perspectivas de este capítulo encuentra:
- más útiles
- que implican un mayor desafío
- más perturbadores
- ¿por qué?

2. Antes de leer este capítulo, ¿de qué manera hubiera reaccionado ante la declaración: «Cuando estamos en el valle es porque hemos tomado un rumbo equivocado»?
¿Hubiera estado de acuerdo o en desacuerdo con esa afirmación? ¿Por qué?

3. ¿Ha estado alguna vez en un valle en el que usted sabía que *era Dios el que lo había enviado allí*?
   • Si es así, ¿cómo supo que era unos de esos valles *a los que Dios nos envía*?
   • ¿De qué manera reaccionó cuando las cosas se pusieron difíciles?
   • ¿Qué aprendió de esa experiencia?

4. Lea Éxodo 14:1.31. Anote toda perspectiva que encuentre en este pasaje relacionada con los valles *a los que Dios nos envía*.

5. Lea 2 Samuel 11:1-12:20 y Proverbios 19:3. Luego anote todas las perspectivas que encuentre en estos pasajes referidas a los valles en los que somos *nosotros los que lo echamos a perder todo*.

6. Lea Jueces 10:10-16.
   • ¿Le sorprende la respuesta de Dios que aparece en este pasaje?
   • ¿ Puede recordar algún momento en el que usted viera a Dios responder de esa manera, sea en su propia vida o en la vida de algún amigo? Si es así, ¿qué sucedió entonces?

Décima idea tonta: La gente que muere va a un lugar mejor

De qué manera comenzar un mini motín ■ *La verdad sobre el malvado tío Ernie* ■ *Aseveraciones en los funerales y la búsqueda frenética de un gesto hacia Dios* ▪ *Culpar a Jesús* ▪ *El mito detrás del mito* ▪ *Un correo electrónico molesto* ▪ *¿Cuándo y de qué manera se convirtió la obediencia en una materia que otorga puntos extra?* ▪ *Por qué razón Mickey Cohen no podía ser un gángster cristiano* ▪ *La gran diferencia entre luchar y establecer un campamento* ▪ *La señal reveladora sobre si amamos a Dios o no*

1. Qué principios o perspectivas de este capítulo encuentra:
   - más útiles
   - que implican un mayor desafío
   - más perturbadores
   - ¿por qué?

2. Antes de leer este capítulo, ¿de qué manera hubiera reaccionado ante la declaración: «La gente que muere va a un lugar mejor»?
¿Hubiera estado de acuerdo con esta afirmación o en desacuerdo con ella? ¿Por qué?

3. ¿Puede recordad algún momento en el que escuchó a alguien hacer aseveraciones positivas en un funeral, aun cuando resultaba evidente que la persona que había muerto nunca había querido tener nada que ver con seguir a Dios?

4. No hay duda de que la idea de que Jesús es el único camino al cielo se ha vuelto políticamente incorrecta, aun entre algunos cristianos. Incluimos aquí algunos pasajes que hablan sobre la cuestión. Búsquelos y reescríbalos en sus propias palabras, usando un lenguaje actual.
   - Mateo 7:13-14
   - Mateo 10:28
   - Marcos 8:36
   - Juan 14:6
   - Gálatas 2:21

5. Este capítulo señala que cuando se supone que la mayor parte de la gente va al cielo de todos modos, eso tiene un impacto negativo sobre la evangelización. ¿Cuál de los impactos que aparecen a continuación le parece que resulta más común entre los cristianos que usted conoce, y por qué?

- La pérdida de un sentido de urgencia (la gente irá al cielo de todos modos)
- El temor a parecer arrogantes (¿quiénes somos nosotros para decir que Jesús es el único camino?)
- Considerar la evangelización como algo secundaria (las necesidad de justicia y de atender las cuestiones materiales está primero)

6. Lea la historia del joven rico en Mateo 19:16-30.
- ¿Cómo piensa usted que respondería la mayor parte de los cristianos que conoce si alguien apareciera hoy con la misma pregunta?
  - ¿Por qué?
  - ¿Qué le diría usted a esa persona, y por qué?

7. ¿Qué impacto cree usted que deberían tener los siguientes versículos sobre la manera en que comunicamos el evangelio?
- Proverbios 31:8-9
- Miqueas 6:8
- 1 Juan 3:17-20

Reconocimientos

Quiero extender mi gratitud en especial a:

La maravillosa congregación de North Coast Church. Gracias por el privilegio de servir como su pastor por tantos años. Ustedes me han enseñado mucho. Espero haberles retribuido el favor, aunque sea en un pequeña medida.

Muchas de las lecciones de vida e historias que aparecen en estas páginas han encontrado su génesis en la travesía espiritual que compartimos. Por supuesto, donde fue necesario, me tomé la libertad de cambiar los nombres, algunos detalles menores, y lo necesario de esas historias como para que retuvieran su esencia sin permitir que todos descubrieran quiénes eran los actores. Pero apuesto a que muchos de ustedes se habrán reconocido en ellas, y espero que sonrían al recordar el valle por el que anduvimos juntos o las cimas que alcanzamos.

Con frecuencia le digo a la gente que desearía que todos tuvieran el privilegio de sentarse de mi lado del escritorio solo por una temporada. Se trata de un lugar en el que he visto y experimentado lo mejor y lo peor del cristianismo. Es un lugar en el que tanto el desánimo como las victorias se comparten (a menudo con minutos de diferencia). Es un sitio donde la gente se quita la máscara, revela sus secretos y deja de lado la imagen propia; allí se comunican verdades difíciles. No hay forma de que uno pueda sentarse de este lado del escritorio sin sufrir cambios. Es el asesino final de todos los clichés.

David Kopp. Gracias por tu fe al alentarme en este proyecto y tu invalorable guía. Aprecio tu disposición a permitirme mantener mi manera de hablar y mis sentimientos, y por no insistir en que anduviera por el sendero «seguro» cuando el riesgoso se acercaba más a la verdad.

Bucky Rosenbaum. Permíteme expresar mi gratitud por tu invalorable sabiduría y experiencia al ayudarme a comprender los matices que implica la publicación de algo, lo que está mucho más allá de mi experiencia y de mi habilidad.

Erica Ramos y *Kathie Duncan.* Gracias por la corrección de pruebas y por una retroalimentación tan sincera. Las dos me ayudaron a hacer más claras las partes claras de este libro. Y en cuanto a las partes confusas… bueno, todos sabemos que algunas de ellas están más allá de cualquier recomposición.

Mis colegas en el ministerio, en especial Charlie Bradshaw, Paul Savona y Chris Brown. Gracias por hacer buenos casi todos los días en los que voy a trabajar y por permitirme parecer mucho más sabio de lo que soy cuando tomo las cosas que hemos aprendido juntos y las hago circular como propias.

Mis padres, Bill y Carolyn Osborne. Me levanto y los llamo bienaventurados por vivir su fe sin el más mínimo signo de pretensión o hipocresía. Ustedes hicieron que a Bob, a Linda y a mí nos resultara fácil conocer y amar a Dios. Gracias por nunca haber sentido temor cuando nosotros cuestionábamos el statu quo, y, por el contrario, animarnos a hacerlo. Nos ha servido de mucho en las profesiones que hemos escogido y en nuestro caminar con Dios.

Nancy. Gracias por ser mi mejor amiga y mi crítica más sincera. Siempre me ayudas a perfeccionar mis pensamientos y nunca me dejas ir adelante en una manera de pensar desprolija ni con una forma de escribir perezosa. Salí ganando con el casamiento. Ha sido un tiempo fenomenal.

Finalmente a *Nathan (and Marie), Rachel, and Josh.* Gracias por compartir a su papá con el gran cuerpo de Cristo. Ustedes son la parte de mi ministerio que más cuenta. Son el ministerio del que estoy más orgulloso. El carácter, integridad y amor por Dios que veo en ustedes hacen de mí un hombre muy bendecido.

Notas

Introducción: Leyendas urbanas espirituales
1. Ver Hechos 17:11.
2. Ver 1 Corintios 3:18-19 RVR60

Primera idea tonta: La fe lo puede solucionar todo
1. Ver Hebreos 11:1
2. Ver Juan 3:16; 1 Juan 2:3-5; Santiago 2:19-22
3. La naturaleza de sinónimos que tienen los términos fe, creencia y confianza se perciben en Hebreos 11:1 («La fe es la garantía de lo que se espera»), Juan 3:16 («Para que todo el que cree en él no se pierda»), y Juan 14:1 («Confíen en Dios, y confíen también en mí»). En estos tres pasajes las palabras *fe, creencia* y *confianza* son formas diferentes de la misma palabra. (La única diferencia es que Hebreos 11:1 la usa como un sustantivo, en tanto que Juan 3:16 y 14:1 la utilizan como verbo.)
4. Ver Santiago 2:19-26.
5. Ver Hechos 12:1-16. Ver también el libro de Larry Osborne, *Spirituality for the Rest of Us: A Down-to-Earth Guide to Knowing God,* Multnomah, Colorado Springs, CO, 2009.
6. Hebreos 11:39.
7. Hebreos 11:6.
8. Ver Juan 3:16; Romanos 1:5; 5:1; Santiago 2:21-23; 1 Pedro 1:9; 1 Juan 2:3-5.

Segunda idea tonta: Perdonar significa olvidar
1. Ver Jeremías 31:34; Hebreos 8:12
2. Ver Salmo 103:11; Miqueas 7:19.
3. Ver Génesis 7:23-8:1.
4. Ver Mateo 6:9-15; 18:21-35; Lucas 6:37.

5. Ver 2 Samuel 12:1-20.
6. Ver Mateo 18:21-22; Lucas 17:3-5.
7. Mateo 18:35.
8. Ver Mateo 6:12; Colosenses 3:13.
9. Lucas 23:34.
10. Ver Mateo 12:22-32.
11. Ver Mateo 5:39; Lucas 17:3.
12. Ver Romanos 12:17-21.
13. 2 Timoteo 4:14; 1 Timoteo 1:20.
14. Romanos 12:19.
15. Ver Proverbios 14:15.
16. Para profundizar en esto, leer el libro de Larry Osborne, *Spirituality for the Rest of Us: A Down-to-Earth Guide to Knowing God,* Multnomah, Colorado Springs, CO, 2009.

Tercera idea tonta: Un hogar piadoso garantiza tener hijos piadosos

1. Ver Deuteronomio 6:5-7; Efesios 6:4; Colosenses 3:21.
2. Ver Lucas 15:11-32.
3. Ver Salmo 51:5; Ezequiel 18:1-20; Jeremías 17:9; Romanos 5:12.
4. Ver Proverbios 21:30-31.
5. Ver Génesis 2:17; 3:1-19.
6. Ver 1 Samuel 2:22-24; 3:11-18; 4:14-18; Romanos 15:4; 1 Corintios 10:11.
7. Ver 1 Timoteo 3:1-5; Tito 1:6.
8. Ver 1 Timoteo 3:6.
9. Ver Jeremías 9:23-24; 2 Corintios 10:17.

Cuarta idea tonta: Dios tiene un plan detallado para mi vida

1. Ver Jonás 1:1-3:3.
2. Ver Deuteronomio 1:32-33; Jeremías 18:1-6; Hechos 16:6-10.
3. Ver 1 Corintios 6:15-20; 1 Tesalonicenses 4:3-8.
4. Mateo 11:28-30.
5. Ver Proverbios 4:18-19; Romanos 1:21-32. Ver también el libro de Larry Osborne, *Spirituality for the Rest of Us:*

A Down-to-Earth Guide to Knowing God, Multnomah, Colorado Springs, CO, 2009.

6. Ver Proverbios 1:24-32; 28:9.
7. Ver Proverbios 19:2-3; 22:3.
8. Ver Hechos 17:11.
9. Ver Deuteronomio 13:1-4; 18:18-22.
10. La historia de Abraham se encuentra en Génesis capítulos 12 al 25.
11. Ver Hebreos 11:19.
12. Ver Romanos 12:2.
13. Ver 1 Timoteo 2:3-4; 2 Pedro 3:9.
14. Ver Efesios 5:18; 6:5-8; 1 Tesalonicenses 4:3-8; 1 Pedro 2:13-15.

Quinta idea tonta: Los cristianos no deberían juzgar

1. Ver Mateo 7:6.
2. Ver Mateo 7:15-20.
3. Ver Mateo 7:6-16; 1 Corintios 5:9-13; Gálatas 1:8-9; 2 Tesalonicenses 3:14-15; 1 Juan 2:3-5. Estos son solo algunos de los muchos pasajes que nos proveen parámetros por los cuales juzgar.
4. Ver Juan 8:1-11.
5. Juan 8:11.
6. Ver Mateo 7:2; Romanos 2:1.
7. Ver Mateo 7:1-2,
8. Ver Mateo 7:3-5.
9. Ver Romanos 7:15-25.
10. Ver 1 Corintios 6:18-20.
11. Ver Proverbios 30:5-6; Romanos 14;1-15:7.
12. Ver 1 Corintios 11:19.
13. Ver Juan 14:6.
14. Ver 1 Corintios 5:9-13.
15. Ver Mateo 7:15-27; Gálatas 6:1-9; 1 Juan 4:1-3.
16. Ver 1 Corintios 5:1-13; Gálatas 6:1; 2 Tesalonicenses 3:13-15.
17. Ver 2 Timoteo 2:23-26.
18. Ver Mateo 22:36-40.

Sexta idea tonta: Todo sucede por alguna razón

1. Ver Romanos 12:15.
2. Ver génesis 3:12.
3. Ver Juan 14:15; Romanos 1:6-7; 2 Tesalonicenses 2:14; 1 Timoteo 6:12; 2 Timoteo 2:10.
4. Ver Génesis 3, Romanos 5:12; 8:19-22.
5. Ver 2 Timoteo 2:12-13; 1 Pedro 4:12-13.
6. Ver Proverbios 19:2-3.
7. Ver Proverbios 22:3.
8. Ver Proverbios 19:3.
9. Génesis 50:20.
10. Ver 2 Corintios 4:4.
11. Ver 2 Pedro 3:3-10.
12. Ver Hebreos 13:5.

Séptima idea tonta: Permite que tu conciencia te guíe

1. Ver Mateo 17:24-27; Romanos 13:1-7.
2. Ver Romanos 7:14-25.
3. Ver Hechos 15:36-40; 16:6-10; 2 Corintios 1:8; 12:7-9.
4. Ver Salmo 119:9-11; Romanos 12:1-2; 2 Timoteo 3:16-17.

Octava idea tonta: Dios nos trae buena suerte

1. Ver Deuteronomio 28:1-68; Proverbios 3:33; 10:24-25; 11:8; 24:15-16.
2. Ver Job 2:9-10; 4-5.
3. Salmo 73:13-14.
4. Ver Job 2:9-10; Salmo 73:16-24.
5. Ver Génesis 4:3-9.
6. Ver Mateo 5:11-12; 16:24-25; 19:29; Lucas 14:26-35; Juan 15:18; 15:20.
7. Ver Job 2:10.
8. Ver 2 Crónicas 36:5-21.
9. Ver Apocalipsis 3:15-16.
10. Ver 1 Corintios 15:13-19.
11. Ver Mateo 5:10-12; Marcos 13:13; Lucas 9:23-26; 14:26.

12. Ver Romanos 5:1-6; 14:17; 15:13; Efesios 1:17-21.
13. Ver 1 Timoteo 6:5-6.

Novena idea tonta: Estar en el valle significa haber tomado un rumbo equivocado

1. Ver el libro de Larry Osborne, *The Unity Factor: Developing a Healthy Church Leadership Team*, 4ª edición, Owl's Nest, Vista, CA, 2006; y el libro de Larry Osborne, *Sticky Church*, Zondervan, Grand Rapids, MI, 2008.
2. Ver Deuteronomio 28:14-68; Proverbios 19:3; Mateo 7:24-27.
3. Ver Hebreos 11:1-12:3; Santiago 1:2-4.
4. Ver Salmo 15:1-5.
5. Ver Génesis 15:12-14; 47:1-12; Éxodo 1:5-14.
6. Ver Éxodo 14.
7. Ver Mateo 3:13-4:11.
8. Ver Lucas 8:22-26.
9. Ver 2 Samuel 11:1-12:15.
10. Ver Job 1-2.
11. Ver Jueces 1:19.
12. Ver Génesis 12:10-20; 20:1-7; 26:6-11; 27:15-20; el libro de Jonás.
13. Ver Daniel 6.
14. Ver Jueces 10:10-14.
15. Jueces 10:15.
16. Ver Jueces 10:16.
17. Ver 1 Corintios 10:13.
18. Ver Hebreos 11:32-40.
19. Ver Santiago 1:2-5.
20. Ver Hebreos 5:8.

Décima idea tonta: La gente que muere va a un lugar mejor

1. Ver Mateo 18:9; Gálatas 5:19-21: 2 Tesalonicenses 1:6-9; Apocalipsis 20:10-15.
2. Mateo 7:13-14.
3. Ver Mateo 10:2-4; 12:1-8; Lucas 7:36-50; Juan 4:5-27.

4. Ver Mateo 10:28; 23:15; Juan 14:6; Hechos 4:12.
5. Ver Mateo 28:18-20.
6. Ver Proverbios 14:31; 29:7; Miqueas 6:8.
7. Marcos 8:36, RVR60.
8. Ver Gálatas 2:20-21,
9. Ver Mateo 19:16-23.
10. Charles Colson, *Loving God*, Zondervan, Grand Rapids, MI, 1983, p. 92.
11. Ver Lucas 15:11-32.
12. Ver Romanos 7:14-25.
13. 1 Juan 2:4.
14. Ver 1 Corintios 6:9-11; Gálatas 5:19-21; 6:7-9.
15. Ver Juan 8:31-32.
16. Ver Juan 14:15; 15:10.

Epílogo: Pensamientos finales

1. «Israel Husband's Lament: Next Time, Dear, Why Not Just Flush the Toilet?» *Los Angeles Times*, 26 de agosto de 1988, p. 6.
2. Citado por Jennifer Ludden, *All Things Considered*, National Public Radio, 26 de agosto de 1999.
3. Ver Hechos 17:11.

Acerca del autor

LARRY OSBORNE es pastor principal en North Coast Church de Vista, California. Su pasión por el cristianismo bíblico que va más allá de ciertos clichés trillados y tradiciones huecas ha ayudado a North Coast Church a crecer. De ser una pequeña congregación que se reunía en una cafetería alquilada, ha pasado a tener una asistencia de más de setecientas personas cada fin de semana.

Larry y North Coast son reconocidos y respetados, según lo señalan varios sondeos de opinión nacionales, como una iglesia y un pastor que están entre los más innovadores e influyentes de los Estados Unidos. Cada fin de semana en North Coast se encuentran más de veinte diferentes opciones de reuniones de adoración, que se llevan a cabo en múltiples predios cercanos, cada una de ellas enfocada hacia una audiencia demográficamente específica. En cualquier fin de semana es probable que uno encuentre en alguna de esas sedes una reunión de adoración llena de gente joven con tatuajes y «piercings» junto con un servicio paralelo lleno de tradicionalistas de cabellos grises que disfrutan de los grandes himnos de la fe; pero todos estudian el mismo pasaje y escuchan el mismo mensaje bíblico.

Todo eso forma parte de un profundo compromiso en cuanto a presentar las verdades bíblicas que pegan duro de una manera que alcance a una diversidad de mentalidades y subculturas de nuestros días sin cambiar ni negociar el mensaje.

Larry también es fundador de la red North Coast Training Network, un ministerio que ofrece capacitación y consultoría a pastores e iglesias de todo el país. Además, escribe y da conferencias en diferentes lugares sobre cuestiones relacionadas con la formación espiritual y con el liderazgo. Sus libros incluyen estos títulos: *The Unity Factor: Developing a Healthy Church Leadership Team*, *Sticky Church*, y *Spirituality for the Rest of Us*. Reside con su esposa Nancy en Oceanside, California.

Nos agradaría recibir noticias suyas.
Por favor, envíe sus comentarios sobre este libro
a la dirección que aparece a continuación.
Muchas gracias.

Vida@zondervan.com
www.editorialvida.com